Zu diesem Buch

Heute wissen wir, dass psychischen und psychosomatischen Erkrankungen in vielen Fällen traumatische Erfahrungen als Ursache oder Mitursache zugrunde liegen. Viele Betroffene verfügen ansatzweise über erstaunliche Selbstheilungskräfte, die es zu unterstützen und zu entfalten gilt. Aus dieser Erfahrung heraus hat die Autorin zahlreiche Imaginationsübungen entwickelt und gesammelt, die Patientinnen und Patienten helfen, stabiler zu werden und zu lernen, sich selbst zu unterstützen. Erst wenn auf diese Weise innere Stabilität gewonnen wurde, folgt die Phase der Konfrontation mit dem Trauma (»Dem Schrecken begegnen«) und der Abschluss (»Die eigene Geschichte annehmen und integrieren«). Ergänzt wird die Imaginationstherapie in der praktischen Arbeit Luise Reddemanns durch Elemente aus der Kunsttherapie (Susanne Lücke) und die Körperübungen des Qigong (Veronika Engl), die je auf ihre Weise innere Bilder umsetzen. Die imaginativen Techniken sind in der Psychotherapie nicht nur bei der Behandlung traumatisierter Patienten von großem Nutzen, sondern breit einsetzbar.

Luise Reddemann, Dr. med., Nervenärztin und Psychoanalytikerin (DGPT, DGP), Fachärztin für psychotherapeutische Medizin, ist Chefärztin der Klinik für psychotherapeutische und psychosomatische Medizin in Bielefeld (Johannes-Krankenhaus).

Veronika Engl, Fachärztin für psychotherapeutische Medizin, ist als Oberärztin in derselben Einrichtung tätig.

Susanne Lücke, Psychoanalytische Kunsttherapeutin, Heilpraktikerin Psychotherapie, ist Mitarbeiterin in derselben Klinik und in eigener Praxis tätig.

Luise Reddemann

Imagination als heilsame Kraft

Zur Behandlung von Traumafolgen mit ressourcenorientierten Verfahren

Unter Mitarbeit von
Veronika Engl und Susanne Lücke

Pfeiffer bei Klett-Cotta

Leben lernen 141

Pfeiffer bei Klett-Cotta

Printed in Germany
Umschlag: Michael Berwanger, München
Titelbild: Archiv Klinik für psychotherapeutische und psychosomatische Medizin, Bielefeld
Satz: PC-Print, München
Auf holz- und säurefreiem Werkdruckpapier gedruckt
und gebunden von Gutmann + Co, Talheim
ISBN 3-608-89691-0

2. Auflage 2001

Die Deutsche Bibliothek – CIP-Einheitsaufnahme
Ein Titeldatensatz für diese Publikation ist bei Der Deutschen Bibliothek erhältlich.

Für meinen Sohn Olaf Reddemann
und meine Schwiegertochter Bernadette Kalus-Reddemann
für ihren kreativen und spielerischen Mut als Eltern

Für Helena und Milan, meine Enkelkinder mit ihrer Lebenslust,
die sie so selbstverständlich mit mir zu teilen bereit sind

Inhalt

Warum dieses Buch?

1985 übernahm ich die Leitung einer psychosomatischen Klinik. Zu diesem Zeitpunkt machten sich deutsche Psychotherapeuten und Psychiater keine Gedanken über Traumatisierungen ihrer Patienten und Patientinnen. Psychoanalytiker waren der Meinung, dass Traumatisierungen weniger wichtig waren – wenn überhaupt – als Fantasien. Alice Miller, die Anfang der 80er Jahre einige Bücher zu diesem Thema veröffentlicht hatte, wurde in Fachkreisen wenig ernst genommen. Meist wurden Traumatisierungen, über die Patientinnen berichteten, als Fantasien behandelt. Insbesondere der so genannte sexuelle Missbrauch – ich möchte lieber und wie mir scheint korrekter von sexualisierter Gewalt sprechen, denn es handelt sich nicht um etwas Sexuelles, sondern eben um Gewalt, die sexualisiert eingesetzt wird (Missbrauch würde Gebrauch implizieren) – galt als Ausdruck von so genannten ödipalen Fantasien. Damit waren die Psychoanalytiker der 70er und 80er Jahre noch konservativer als Freud, der immerhin die Möglichkeit offen gelassen hatte, dass es so etwas wie sexualisierte Gewalt gegen Kinder gibt.

In unserer Klinik wurde bald nach meiner Übernahme der Leitung auf Vorschlag einer Kollegin, die in der Frauenbewegung aktiv war, eine Frauengruppe eingerichtet. Hier fühlten sich die Patientinnen sicher genug, um über die ihnen angetane Gewalt zu berichten. Heute wissen wir, dass hinter sehr vielen seelischen und psychosomatischen Erkrankungen, insbesondere den Persönlichkeitsstörungen vom Borderlinetyp, aber auch Suchterkrankungen, Essstörungen, selbstverletzendem Verhalten und den Somatisierungs- und Angststörungen, traumatische Erfahrungen als Ursache oder Mitursache zu finden sind. Damals kostete es uns einigen Mut, die von den Patientinnen mitgeteilten Erfahrungen als solche zu akzeptieren. Das hieß natürlich nicht, dass es sich um Berichte handelte, die in jedem Detail kriminologisch »stimmten«, aber wir glaubten unseren Patientinnen, dass sie Gewalt und sexualisierte Gewalt erfahren hatten und dass sich dies schädlich und schädigend auf ihre Seele und ihren Körper ausgewirkt hatte. Dies sprach sich rasch herum und immer mehr Frauen mit solchen Lebensgeschichten wollten zu uns in Therapie kommen – heute sind es übrigens auch immer mehr Männer, die uns wegen ähnlicher Lebensgeschichten aufsuchen. Nun sahen wir uns damit konfrontiert, dass unser therapeutisches Handwerkszeug für die Arbeit an den Traumatisierungen und den Traumafolgen nicht ausreichte. Ein wesentlicher Punkt dabei war, dass wir durch die Arbeit im bis dahin gelernten Stil alle mit heftiger Burn-out-Problematik zu kämpfen hatten und dass es unseren Patientinnen längst nicht so gut ging, wie wir das für sie erwarteten.

Ich begab mich also auf die Suche nach anderen therapeutischen Wegen als denen, die wir kannten. Wir entdeckten, dass in anderen Ländern bereits ein breites Wissen über Traumatisierungen und die dazugehörigen Therapiestrategien zur Verfügung stand. So begannen wir, Neues zu lernen. Wir lernten aber mindestens genauso viel von unseren Patientinnen. Am entscheidendsten war die Erkenntnis, die schon Hölderlin so formuliert hat: »Wo aber Gefahr ist, wächst das Rettende auch.« Das lehrten uns unsere Patientinnen, denn sie hatten in den Situationen ihrer größten Not für sich kreative Auswege gefunden. Sie hatten sich innere und manchmal äußere Räume geschaffen, in denen sie sich wohl und geborgen fühlen konnten. Sie hatten innere Begleiter »erfunden«, Feen, Schutzengel, Tiergestalten und anderes, um sich nicht mehr alleine fühlen zu müssen und um Trost zu erhalten. Als unsere Patientinnen bemerkten, dass wir sie nicht für verrückt, sondern ihre kreativen Lösungen für höchst achtenswert und wunderbar hielten, ließen sie uns teilhaben an diesen inneren Welten. Ich lernte bei Carl Simonton (1992) Übungen kennen, die genau dies, was unsere Patientinnen spontan getan hatten, bewirkten, nämlich Bilder von einem guten Ort und von hilfreichen Wesen zu erschaffen. Ich lernte, dass dies im Wesentlichen sehr alten schamanischen Vorgehensweisen entsprach. Heute denke ich, dass es in jedem von uns so etwas wie einen Schamanen oder eine innere Weisheit gibt. Mögen manche dies auch als »esoterisch« abtun. Ich habe es zu oft beobachten können, dass Menschen, auch und gerade solche, die sehr verstört waren, in sich über Wissen und Weisheit verfügen, die weit über das hinausgehen, was das bewusste Ich weiß. Die meisten haben aber verlernt, auf diese innere Weisheit zu lauschen, denn das Hören der inneren Weisheit erfordert Stille. Es erfordert auch, dem Verstand den Platz zuzuweisen, der ihm gebührt, und ihn nicht über alles zu stellen.

Wir lernten, dass jeder Mensch über Selbstheilungskräfte verfügt und dass unsere wichtigste Aufgabe darin besteht, diese zu unterstützen. Die Erkenntnisse über Selbstheilungskräfte hat inzwischen als Forschung über Salutogenese und Resilienz Eingang in die Wissenschaft gefunden. Wenn wir die Patienten dabei unterstützen, auf die Stimme ihrer inneren Weisheit zu hören, unterstützen wir ihre Selbstheilungskräfte und das freie Fließen dieser oft verschütteten Kräfte.

Wir lernten, dass Menschen, die an den Folgen von Traumatisierungen leiden, am besten mit einer dreiphasigen Therapie behandelt werden, die eine Stabilisierungsphase, eine Phase der Begegnung mit dem Trauma und eine Phase der Integration beinhaltet. Dabei ist es vor allem wichtig, bei den Patienten die ganze Behandlung hindurch auf genügend innere Stabilität und auf Stabilisierung zu achten. Nur dann ist es überhaupt möglich, dem Grauen einen Namen zu geben, und dann ist es fruchtbar und befreiend, es auszusprechen. Es braucht innere Kraft und eine liebevolle äußere Begleitung, den Schrecken der Vergangenheit zu begegnen, und es ist uns wichtig, dies zu ermöglichen.

Mein Interesse für die verschiedensten Möglichkeiten, Menschen dabei zu begleiten, stabiler zu werden und zu lernen, sich selbst zu trösten, war geweckt. Damit stieß ich bei Kollegen oft auf Unverständnis und Ablehnung. Die Idee, dass ein beschädigter Mensch sich selbst trösten und dies in einer Therapie erlernen kann, finden viele schwer verdaulich. Gilt doch die Vorstellung, es sei fast ausschließlich Aufgabe der Therapeutin, als Hilfs-Ich für Trost zu sorgen. Doch werden Patientinnen, die dies nicht selbst erlernen oder denen diese Fähigkeit durch Therapie quasi enteignet wird, immer abhängiger von der Zuwendung ihrer Therapeutinnen. Da diese naturgemäß nicht immer zur Verfügung stehen können, entwickelt sich oft ein erhebliches Dilemma sowohl für die Patientin wie für die Therapeutin. Erfährt die Patientin andererseits von Anfang an, dass ihre Therapeutin ihr zutraut, dass sie in sich Fähigkeiten zur Verfügung hat, sich selbst zu trösten, und sucht die Therapeutin gemeinsam mit der Patientin von Anfang an beharrlich nach deren Ressourcen, gibt das der Patientin viel Mut. Das bedeutet nicht, dass sich die Therapeutin nicht als empathische Begleiterin zur Verfügung stellt, sondern sie macht von Anfang an ihre Grenzen und die Grenzen der Therapie deutlich.

Vielleicht ist die einfache Frage klärend: Wie hätte ein Mensch überlebt, wenn in ihm nicht Selbstheilungskräfte, (Über-)Lebenswillen und etwas, was ihn tröstet, zur Verfügung stünden? Die inneren Bilder der sicheren Orte und der hilfreichen Begleiter scheinen mir diese Hypothese zu bestätigen.
Auf der Suche nach neuen Wegen war ich auch in Kontakt mit buddhistischer Meditation gekommen und hatte manches über die buddhistische Psychologie gelernt. Der Kernsatz dieser Psychologie ist nach meinem Verständnis der dem Buddha zugeschriebene: »Es gibt keinen Weg zum Glück, Glück ist der Weg.« Was bedeutet dies? Die meisten, wenn nicht alle Menschen, suchen Glück, Freude, Zufriedenheit, jedoch beschäftigen sie sich die meiste Zeit des Lebens damit, die Steine aus dem Weg zu räumen, die sie daran hindern, glücklich zu sein. Damit sind sie dann aber mehr mit den Steinen als mit dem Glück beschäftigt. Es erfolgt eine Konzentration auf das Unglück, was häufig zur Folge hat, dass man noch unglücklicher wird, denn man »hat« bekanntlich, worauf man sich konzentriert. Wir lernten von Theorieschulen, die lösungsorientiert arbeiten, uns mehr auf Lösungen zu konzentrieren, oder genauer, genauso viel auf Lösungen wie auf Probleme, d. h. für ein Gleichgewicht zwischen beidem zu sorgen. Wir regten unsere Patientinnen an, sich auf die Fähigkeit zum froh und glücklich sein ungefähr genau soviel zu konzentrieren wie auf die Sorgen und Probleme, und auf ihre Kompetenz und Eigenmacht ebenso sorgfältig zu achten wie auf ihre Gefühle der Ohnmacht. Oft wird auch deutlich, dass Probleme längst nicht 24 Stunden am Tag präsent sind, sondern nur kurzfristig, dass es aber durch die Konzentration darauf so aussieht, als bestünde das Leben nur aus Problemen. Wir erkannten, dass erst, wenn die Fähigkeiten zum froh sein wieder entdeckt waren und erstarkten, die traumatischen Erfahrungen konfrontiert werden konnten, ohne dass dies extrem und kaum aushaltbar belastend wurde. Auch dies widerspricht der Ansicht vieler Menschen, die meinen, man müsse sich doch erst einmal um das Leid und das Leiden kümmern, bevor man froh sein könne. Nun ist es aber eine simple Alltagserfahrung, dass man Probleme leichter löst, wenn man »gut drauf« ist. Sorgen wir also – ob Patientin oder Therapeutin – dafür, dass wir in Kontakt sind mit unseren inneren Kraftquellen. Dann lassen sich die schrecklichen Dinge der Vergangenheit leichter bearbeiten und auflösen

bzw. integrieren. Dabei gilt es zu berücksichtigen, dass sich die Schrecken der Vergangenheit im Falle einer posttraumatischen Belastungsstörung oft »anfühlen«, als geschähen sie jetzt, d. h., es ist oft ein langer Weg in der Therapie, bis klar ist, dass man heute ein anderer oder eine andere ist als damals.

Wir lernten, dass Achtsamkeit ein wesentliches Element der Heilung darstellt. Wir lernten viele Übungen, die die Achtsamkeit schulen, und geben sie weiter.

Unser Therapieansatz ist ein integrativer und theoretisch psychodynamisch begründet. Wir meinen, dass die Psychoanalyse mit ihren Konzepten von Übertragung und Gegenübertragung und vom Unbewussten eine hilfreiche Verstehensgrundlage bietet, die psychoanalytischen Interventionen aber modifiziert werden müssen, um den Anforderungen, die traumatisierte Menschen an eine Behandlung stellen, gerecht zu werden.

Eine weitere Grundlage unserer Arbeit ist die Berücksichtigung der Tatsache, dass wir jeden Tag so etwas wie neue Menschen – ein anderer Mensch – sind. Viele Menschen leben mit der Vorstellung, sie seien immer dieselben. Dies entspricht aber nicht einmal physiologisch gesehen den Tatsachen. Denn unser Körper erneuert und verändert sich ständig. Auf der geistig-seelischen Ebene verändern wir uns ebenfalls. Ich lade die Leserin/den Leser ein, sich einmal an sich vor ein paar Jahren oder noch weiter zurückzuerinnern. Da hatten Sie sicher nicht in allem die gleichen Ansichten, die gleichen Wünsche, Vorlieben und Meinungen wie heute.

Dieser Prozess des Wandels ist für uns so selbstverständlich, dass wir nicht darüber nachdenken. Wenn man meditiert, bemerkt man bald, wie sich Gedanken, Gefühle, Empfindungen dauernd wandeln. Manchen Menschen macht das Angst, weil sie meinen, dass ihnen Beständigkeit allein die nötige Sicherheit geben könne. »Das einzig Unveränderliche ist die Veränderung«, sagte Laotse. Ich halte diese Einsicht für eine große Chance. Wenn wir uns darin üben, den Wandel in uns ohne Vorurteil wahrzunehmen, sehen wir darin ein Potenzial, das uns ohnehin zur Verfügung steht. Ich bin heute nicht mehr die, die ich gestern war. Damit kann ich, die Person von heute, anfangen, mit all den vielen Ichs, die ich je gewesen bin, in Verbindung zu treten. Das Ich von heute kann mit den jüngeren Ichs sprechen, sie trösten, sie unterstützen, von ihnen Unterstützung bekommen und so fort. Und, was das Wichtigste ist, von heute an kann ich neue Entscheidungen treffen für die Zukunft. Alles, was ich je war, erkenne ich an. Es geht nicht darum, zu verdrängen und zu vergessen, sondern es geht darum, sich selbst die Chance einzuräumen, dass das Heute, der jetzige Moment zur Verfügung stellt, was ich sein will. So kann ich schließlich meine Vergangenheit da lassen, wo sie hingehört, nämlich in die Vergangenheit, und kann mich auf einen neuen Weg begeben. Ich kann aus vielen Wegen wählen, auch Glück als Weg.

Die oben beschriebenen Überlegungen sind in meiner therapeutischen Arbeit wegweisend geworden. *Ich möchte in diesem Buch darstellen, wie es möglich ist, trotz großem persönlichem Leid einen therapeutischen Weg zu gehen, der von Anfang an die inneren Fähigkeiten zum froh sein und zum glücklich sein ebenso berücksichtigt wie den Schmerz.* Damit kann dem Schmerz viel eher der ihm gebührende Platz zugewiesen werden. Erich Fried sagt: »Es gibt nur ein Gegengewicht gegen Unglück … und das ist Glück.« *Ich möchte deutlich machen, dass Menschen, die extreme Ohnmachtserfahrungen gemacht haben, dennoch oder gerade deswegen über Kompetenz und Eigenmacht verfügen.* Deshalb sind Patientinnen und Patientin für mich Partnerinnen und Partner, mit denen ich *zusammenarbeite.*

Wir haben alle jederzeit und überall ein Zaubermittel zur Verfügung: unsere Vorstellungskraft. Mit Hilfe dieser Vorstellungskraft ist es möglich, uns innere Welten des Trostes, der Hilfe und der Stärke zu erschaffen, unabhängig von der Freundlichkeit und Gewogenheit unserer Umgebung. Viele Traumatisierte wissen das spontan und haben ihre Vorstellungskraft in unerträglichen Situationen so verwendet. *Unsere Fähigkeit zu imaginieren ist das Hilfsmittel, das uns in Kontakt bringt mit dem Heilsamen in uns. So durchzieht die Verwendung von Bildern bzw. bildhaften Gedanken unsere ganze Arbeit mit Traumatisierten.*

Ich will in diesem Buch darstellen, wie wir anregen, nach und nach zunächst eine gute Gegenwelt zu erschaffen zu der Welt der traumatischen Bilder, wie wir dann mit traumatischen Bildern arbeiten und wie wir schließlich, wieder mit Bildern, eine Integration der Schreckenserfahrung in den Lebenskontext herbeiführen. Die wesentlichen Übungen, wie wir sie verwenden, werden hier wiedergegeben, damit die Leserin/der Leser sie nachvollziehen kann. Wir

haben gefunden, dass diese Übungen auch hilfreich sind, wenn man nicht Opfer traumatischer Erfahrungen war.
Anhand von Falldarstellungen werde ich illustrieren, wie wir arbeiten. Durch Veränderung von Details in den Kasuistiken wird der Persönlichkeitsschutz der Patientinnen und Patienten gewährleistet.

Für wen ist dieses Buch geschrieben?

Dieses Buch wendet sich an Therapeutinnen und Therapeuten. In unserer Klinik ist es jedoch üblich, Patientinnen und Patienten genauso gut zu informieren wie Kolleginnen und Kollegen. Wir meinen, dass gründliche Information die beste Voraussetzung für eine gute Zusammenarbeit darstellt. Für Traumatisierte ist Gut-informiert-Sein außerdem wichtig, um ein Gefühl von Kontrolle zu behalten. So können Therapeuten und Therapeutinnen dieses Buch ihren Patientinnen und Patienten weiterempfehlen.
Insbesondere die Imaginationsübungen und die anderen Übungen, die ich darstelle, können für alle von Nutzen sein. Ich werde die Leserin/den Leser daher direkt ansprechen. Therapeuten und Therapeutinnen können von vielen der Übungen auch im Sinne ihrer Psychohygiene profitieren. Im Übrigen bitte ich Sie, nichts an Patienten weiterzugeben, das Sie nicht selbst ausprobiert haben und selbst schätzen.
Ich werde in diesem Buch Theorien über posttraumatische Belastungsstörungen nur kurz erklären. Dazu gibt es inzwischen genügend Literatur. Ich empfehle die Bücher von Butollo und seinen Mitarbeiterinnen (1999) als eine gute Einführung. Das Lehrbuch von Fischer und Riedesser (1998) ist sehr empfehlenswert für eine Vertiefung.
Dieses Buch ist gedacht als ein Bericht aus der Werkstatt. Praxisnahe Beispiele sollen dazu anregen, einen ressourcenorientierten Ansatz in der Arbeit an Traumafolgen zu erproben.
Die Zusammenarbeit der Forscher und Therapeuten, die sich um Vietnam-Veteranen kümmerten, und der Forscherinnen und Therapeutinnen, die sich mit Gewalt und sexualisierter Gewalt in der Familie, also besonders mit Gewalt an Frauen und Kindern, beschäftigten, erbrachte, dass die Folgen von Traumatisierungen relativ ähnlich sind und auch die Symptome, wenn man eine Trau-

matisierung nicht verarbeiten und integrieren kann. Dennoch gibt es auch wichtige Unterschiede: Kollektive Traumatisierungen wirken sich anders aus als Traumatisierung in der Familie. Eine Vergewaltigung verletzt darüber hinaus die Integrität als Frau und manchmal als Mann.

In diesem Buch geht es um individuelle Lösungen. Dies bedeutet nicht, dass wir das Problem struktureller Gewalt ausblenden. Eine wichtige Grundlage unserer Arbeit sind Theorien, die von feministischen Forscherinnen entwickelt wurden, wonach patriarchale Strukturen insbesondere für das Leben von Frauen und Kindern ein Gewaltrisiko ersten Ranges darstellen. Ich gehe davon aus, dass ein Mensch erst in sich Ruhe finden sollte, d. h. zu einem ausreichenden Selbst- und Stressmanagement fähig sein sollte, ehe er oder sie sich den Fragen struktureller Gewalt zuwenden kann. Jedoch scheint es mir notwendig, die Zusammenhänge deutlich zu machen und traumatische Erfahrungen der Kategorie »man made« auch in diesem Lichte zu betrachten.

Ich habe mich entschieden, Fälle und Vignetten auszuwählen, in denen es sich entweder um leichter zu ertragende Geschichten wie z. B. Verkehrsunfälle handelt oder die nicht allzu viele Details preisgeben. Das Lesen von Schreckensgeschichten kann sich bereits traumatisierend auswirken. Das bedeutet aber nicht, dass wir uns in der Therapie die Geschichten von Gewalt, sexualisierter Gewalt und Folter nicht anhören. Das Gegenteil ist der Fall! Therapeuten und Therapeutinnen, die mit Opfern von Gewalt und sexualisierter Gewalt arbeiten, sollten das nur tun, wenn sie sich dazu in der Lage fühlen, wirklich alles zu hören. Dieses Buch soll aber nicht der Ort sein, um dies darzustellen. Es gibt genügend ausgezeichnete literarische Zeugnisse solcher Erfahrungen. Außer durch meine therapeutische Arbeit habe ich viel gelernt von Jorge Semprun (1994), Primo Levi (1991) und Ka-Tzetnik (1991), was die Schrecken des KZ angeht, Wolfgang Borchert (1956) hat mir eindrücklich die Schrecken des Krieges vermittelt. Leserinnen und Leser, die ihr Wissen über Traumatisierung vertiefen wollen, empfehle ich diese Autoren. Ein relativ neues Buch, das in hervorragender Weise einen traumatischen Prozess darstellt, ist »Der Gott der kleinen Dinge« von Arundhati Roy (1997).

Einige Überlegungen zur therapeutischen Haltung und zum psychodynamischen Verständnis

Unter der Stabilisierungsphase verstehen wir Ich-Stärkung. Das traumatisierte Ich ist kein Normal-Ich i. S. Freuds (1937), und daher ist eine Modifizierung der analytischen Vorgehensweise i. S. der Ich-Stärkung notwendig. Deshalb ist Traumatherapie kein spezielles Verfahren, sondern sie zieht lediglich Konsequenzen aus den Bedingungen, die Patienten mitbringen. Es hat sich wissenschaftlich fundiert nachweisen lassen, dass »trauma first« sinnvoll ist. In einer Metaanalyse haben van Etten und Taylor (1998) zeigen können, dass sich durch Traumatherapie auch komorbide Störungen bessern. Dennoch behandeln wir immer den ganzen Menschen im Rahmen eines Gesamtbehandlungsplanes. Das kann tiefenpsychologisch fundierte Psychotherapie sein, die international psychodynamische Therapie genannt wird, oder auch analytische Psychotherapie, das kann auch Verhaltenstherapie sein, in die sich unser Vorgehen ebenfalls gut integrieren lässt.

Der Einsatz von Ich-stabilisierenden imaginativen Techniken dient der Stärkung und dem Aufbau von Ich-Funktionen. Jerome L. Singer (1986) hat mehrfach darauf hingewiesen, dass imaginative Techniken eine adaptive Funktion haben, und auch bedauert, dass wohl wegen gewisser Ängste, die in der Persönlichkeit von Freud zu suchen sind, die imaginative Arbeit wenig Anerkennung in der klassischen Psychoanalyse gefunden hat. Darüber hinaus kann die erste Phase auch verstanden werden als Arbeit an einem stabilen Arbeitsbündnis, das der Patientin Handwerkszeug zur Verfügung stellt. Auch wenn einige Autoren den Begriff des Arbeitsbündnisses in Frage stellen, so hat sich das Konzept doch bewährt. Insbesondere das Konzept »Arbeit mit dem inneren Kind« dient der Stärkung des Arbeitsbündnisses im Rahmen einer die Regression eingrenzenden Therapie. Zur Modifizierung der psychoanalytischen Technik im Umgang mit einem geschwächten Ich hat Fürstenau (1979) bereits vor über zwanzig Jahren Wegweisendes geschrieben. Die Stabilisierungsphase dient im Rahmen Ich-psychologischer Konzepte der Ich-Stärkung, objektpsychologisch ausgedrückt dient sie dem Aufbau sicherer und guter innerer Objektrepräsentanzen.

Es ist wichtig, das Bedürfnis der Patientinnen nach Kontrolle ebenso wie alle anderen Coping-Strategien der Patientin zu würdigen. (Ich benutze diesen Begriff lieber als Abwehr, da Abwehr oft einen verurteilenden Beigeschmack hat.) Widerstandsanalyse sollte in diesem Zusammenhang nicht erfolgen, da sie das Ich schwächen würde. Es ist eine gute alte psychoanalytische Regel, dass man das Ich durch Deutungen nicht schwächen darf, Deutungen sind immer erst sinnvoll, wenn das Ich erstarkt ist. Dies ist in der Regel nach der Stabilisierungs- und »endgültig« nach der Traumabegegnungsphase der Fall.

Ich empfehle, von Anfang an, also vom ersten Kontakt an, neben dem Gespräch über die belastende Lebensgeschichte auch ein Gespräch zu allem, was der Patientin Freude macht, ihr gelingt und gelang, d. h. über alle Ressourcen, zu führen. Gerade die Anfangsphase der Therapie ist wichtig, um der Patientin deutlich zu machen, woran der Therapeut interessiert ist. Fragen wir nur nach Problemen, vermitteln wir unausgesprochen, wir seien nur an Problemen interessiert und der Patient wird sich danach richten. Merkt der Patient unser Interesse an seinen Stärken, so ermutigen wir ihn indirekt, diese bei sich selbst verstärkt wahrzunehmen. Am besten erscheint es mir, immer wieder i. S. der bereits genannten Pendelbewegung sich für das eine und das andere gleichrangig zu interessieren. Später mag sich der Fokus dann zunächst mehr in Richtung Ressourcen verschieben und in der Traumabegegnungsphase dann vorübergehend mehr in Richtung der Belastungen.

Ich halte es nicht für sinnvoll, mit Patienten und Patientinnen um irgendetwas zu kämpfen. Die Patientin weiß selbst am besten, was für sie in einem gegebenen Moment das Beste ist. Das heißt auch, man sollte niemand die Übungen aufdrängen, sondern sie anbieten und darüber hinaus offen sein für jede Lösung, die die Patientin mitbringt. Wenn man mit dem »Ressourcenohr« zuhört, erfährt man immer etwas.

Wichtig erscheint mir auch, dass Therapeuten und Therapeutinnen darauf achten, dass sie nicht die Arbeit tun, die die Patientin oder der Patient zu tun haben. Es erscheint mir sinnvoll, das immer wieder gemeinsam zu überprüfen. D. h., das Hilfs-Ich-Konzept sollte nicht dazu führen, der Patientin mehr, als ihr gut tun könnte, abzunehmen. Ich habe mir angewöhnt, möglichst jede Intervention in Form einer Frage zu stellen. »Kann es sein, dass … Mir

kommt gerade der Gedanke, dass ... Was halten Sie davon ...« u. Ä. Interventionen lassen dem Patienten seine Verantwortung eher, als wenn man sagt: »Sie machen das jetzt, weil ... oder Sie haben Angst vor ...« usw. Für Therapeuten haben die zuletzt genannten Interventionen den Nachteil, dass sie sich schrecklich viel Gedanken machen müssen, anstatt gemeinsam mit ihren Patienten zu überlegen, was vor sich geht. Das ist auch ein Nachteil für die Beziehung, die immer mehr ins Ungleichgewicht gerät, und es entsteht der Eindruck, als gäbe es einen hoch kompetenten Therapeuten und einen erheblich weniger kompetenten Patienten.
Es empfiehlt sich, der Patientin so viel wie möglich zuzutrauen, ohne sie zu überfordern. Sie bestimmt das Tempo. Sätze wie »das kann ich nicht, das habe ich noch nie gekonnt«, sind für uns keine Dogmen. Wir laden ein, sie sorgfältig zu überprüfen. »War das wirklich bis jetzt immer, immer so? Gibt es Ausnahmen? Helfen solche Sätze die angestrebten Ziele zu erreichen? Wer sagt den Satz? Ist das ein Introjekt?« Sampson und Weiss (1986) haben für die Psychoanalyse nachgewiesen, dass Patienten ihre Therapeuten testen, ob diese wirklich auf der Seite der Gesundheit stehen. Etwas nicht verurteilen heißt nicht, es gutheißen. Diese Unterschiede, die einen Unterschied machen, wie Gregory Bateson (1981) das nannte, immer wieder herauszuarbeiten, ist manchmal etwas mühsam, aber es lohnt sich für beide Beteiligten.

1. Teil

Innere Stabilität finden

To make a prairie it takes a clover and
A bee –
One clover, and a bee,
And reverie.
The reverie alone will do.
If bees are few.
Emily Dickinson, Collected Poems

Dieser Teil wird der längste des Buches werden. Er macht ein Prinzip deutlich, das Arne Hofmann so umschreibt: »Traumatherapie hat sechs Phasen: Stabilisierung, Stabilisierung, Stabilisierung, Stabilisierung, Traumakonfrontation sowie Trauern und Neubeginn.« Vieles aus der Stabilisierungsphase bleibt für die ganze Therapie wichtig und kann während der anderen Phasen weiter Verwendung finden. So sind z. B. die »Inneren Helfer« in jeder Phase wichtige Begleiter und Ratgeber.

Ein weiteres wichtiges Prinzip will ich an dieser Stelle noch mal erklären: *Wir regen grundsätzlich an, für eine Balance zwischen Schreckens- und »guten« Bildern zu sorgen.* Damit nehmen wir etwas auf, das Traumatisierte ohnehin häufig von sich aus versuchen. Sie bemühen sich, eine ganz und gar gute Welt zu erschaffen, allerdings in der Regel im Außen. Was naturgemäß scheitern muss. Dieser Vorgang, der auch als Spaltung bezeichnet wird, ist an sich versteh- und nachvollziehbar. Unser Vorschlag ist, im eigenen Innern, auf der »inneren Bühne«, diese ganz und gar gute Welt zu erschaffen, um dort den Rückhalt, die Stärke und den Trost zu finden, die im Äußeren niemals in der gewünschten Vollkommenheit anzutreffen sind. In der Schule von Milton Erickson (1981) wird dieses Vorgehen Utilisieren genannt.

Ich möchte betonen, dass es sich hier nicht um unverrückbare Wahrheiten handelt, sondern um nützliche Konzepte, die sich in der Praxis bewährt und inzwischen auch empirischen Untersuchungen in Göttingen (Sachsse et al., 2001) und Pulsnitz (Dilcher et al., 2000) standgehalten haben.

1.1 Die therapeutische Beziehung

Jede Therapieschule erkennt an, dass die therapeutische Beziehung *die wesentliche Grundlage* einer Therapie darstellt. In unserer Arbeit ist es uns ein besonderes Anliegen, jegliche Art von therapeutisch induziertem Stress zu meiden. Dazu empfehle ich zum einen zu berücksichtigen, was man heute über traumatischen Stress weiß, insbesondere, dass es sich hier um ein Phänomen handelt, das die Patientin zumindest am Anfang der Therapie kaum beeinflussen kann. Zum Beispiel erzählt mir eine Patientin ziemlich erregt, sie habe von der Stationsärztin eine Nachricht erhalten, dass diese sie um eine bestimmte Zeit »erwarte«. Eine nicht traumatisierte Patientin würde vielleicht sagen – oder denken –, »das ist aber ein komischer Ton«, ohne sich sonderlich zu erregen. Für die durch extreme Gewalt traumatisierte Patientin aber bedeutet das: »Das ist ein Befehl, Befehle sind der Beginn einer Katastrophe, gleich werde ich ohnmächtig und hilflos sein …« Die Erregung ist auch Ausdruck der typischen Stressphysiologie der Patientin. Ist die Stressreaktion erst einmal angestoßen, bedarf es einiger Bemühungen, damit sich die Patientin wieder beruhigen kann. Insbesondere ist es wichtig, dass sie erfährt, dass ihre Gefühle validiert und verstanden werden und dass sie die Kontrolle behält. Als Zweites empfehle ich, die Patientin zur »Supervisorin« des therapeutischen Geschehens zu machen und sie zu bitten zu sagen, wenn sie unser Verhalten als Stress induzierend erlebt: »Bitte sagen Sie mir, wenn Sie den Eindruck haben, dass ich Ihnen durch mein Verhalten Stress mache, denn ich weiß nicht und kann nicht wissen, was Sie als besonders belastend erleben. Gehen Sie bitte davon aus, dass es mir ein Anliegen ist, hier mit Ihnen eine Atmosphäre zu schaffen, in der Sie sich sicher und wohl fühlen.« Interventionen, die bei neurotischen Patienten eine – therapeutisch sinnvolle – Signalangst erzeugen, rufen bei Traumatisierten häufig traumatische Angst hervor, und dies ist nicht sinnvoll.

Eine zu Beginn jeder Therapie und bei jeder Veränderung besonders stressreduzierende Intervention ist Aufklärung und Information.

Das, was Menschen, die ein Trauma nicht verarbeiten konnten, am meisten gefehlt hat, war die Fähigkeit sich zu beruhigen, bzw. eine beruhigende Umgebung. Daher halten wir es für wichtig, beruhigend zu wirken und Selbstberuhigung anzuregen. Eine milde positive, nicht idealisierende Übertragung halte ich aus diesem Grund für erstrebenswert und empfehle, dass die Therapeutin sich hierfür einsetzt. Deutungen sollten stets so gegeben werden, dass sich die Patientin eingeladen fühlt, etwas über sich herauszufinden. Ein Patient, der sich durch eine Deutung wie ertappt oder entmutigt fühlt – weil er schon wieder einmal das Gefühl hat, etwas falsch gemacht zu haben – oder der empfindet, der Therapeut wisse mehr über ihn als er über sich, wird auch dies mit Stresssymptomen beantworten. Man müsse viel vergessen, was man gelernt habe, sagte der niederländische Traumatherapeut Lansen, selbst Analytiker. Wichtig sei, natürlich und mitfühlend zu sein.

Häufig wird unsere Empfehlung, eine Regression in der therapeutischen Beziehung nicht zu fördern, dahingehend missverstanden, dass wir nicht mit der therapeutischen Beziehung arbeiten würden. Psychoanalytiker, die meinen, der Patient solle alles, aber auch alles in der therapeutischen Beziehung reinszenieren, werfen uns vor, nicht bereit zu sein, uns den leidvollen Gefühlen zu stellen. Das ist in gewisser Weise wahr. Ich habe bis jetzt nicht finden können, dass es meinen Patientinnen dient, allzu lange in leidvollen Gefühlen zu verharren oder gar deren Auftauchen zu fördern. Ich ziehe es vor, anzuerkennen, was ist, aber immer auch die Selbstregulation, die in Richtung Heilung geht, zu fördern. Dazu hat sich das Konzept: zwei Erwachsene von heute kümmern sich um den verletzten jüngeren Teil, wobei die erwachsene Person von heute so viel wie möglich Verantwortung für ihr jüngeres Ich übernimmt, sehr bewährt.

1.2 Ein Arbeitsbündnis etablieren

Jede Therapeutin/jeder Therapeut wird mir zustimmen, dass ein Arbeitsbündnis grundlegend wichtig ist. Dennoch fällt mir immer wieder in Supervisionen auf, wie selten das Arbeitsbündnis expressis verbis geklärt wird.

Ich verstehe darunter, dass die Patientin informiert ist über das therapeutische Vorgehen und dass sie diesem zugestimmt hat.

Außerdem sollten einigermaßen erreichbare Ziele erarbeitet werden. Und beide, Therapeutin und Patientin, sollten immer wieder gemeinsam überprüfen, welcher Schritt in der Behandlung, oder welche Schritte besonders wirksam im Erreichen dieser Ziele sind.

Bei traumatisierten Menschen findet man besonders häufig verschiedene, einander stark widersprechende Ich-Zustände (ego states). So könnte z. B. die erwachsene Person dringend Therapie wünschen, aber kindliche, traumatisierte Teile fürchten sich davor. Darüber hinaus könnten Täterintrojekte ebenfalls ein gewisses Eigenleben führen und sogar radikal gegen Therapie sein. Solche starken Widersprüche können der Patientin zwar bewusst sein, aber in der Regel fühlt sie sich ihnen am Beginn der Therapie hilflos ausgeliefert. Hier finden wir Konzepte, die diese verschiedenen Teile benennen und quasi wie eigenständige Personen behandeln, außerordentlich kreativ. Im Falle des Arbeitsbündnisses bedeutet dies, dass die Therapeutin mit all diesen verschiedenen Teilen zu einer Verständigung hinsichtlich der Therapie kommen sollte, und das kann geraume Zeit in Anspruch nehmen bzw. immer wieder Zeit brauchen.

Was die imaginative Arbeit angeht, kann man sie nur nutzbringend anwenden, wenn die Patientin damit einverstanden ist. Dazu ist manchmal etwas Aufklärung nötig. Viele Patienten meinen, sie müssten innere Dias oder innere Filme sehen, alles andere sei nicht richtig. Sie sagen dann, »ich kann nicht mit diesen Übungen arbeiten«. Weist man darauf hin, dass es genügt, sich die Bilder vorzustellen oder auch nur an sie zu denken, sind die meisten einverstanden, weiter zu arbeiten. Wenn es dann doch nicht geht, sollte man bei traumatisierten Menschen immer an Täterintrojekte denken und es ist nötig, Wege zu finden, diese entweder zu Verbündeten des erwachsenen Ichs von heute oder sie unschädlich zu machen.

1.3 Gegenbilder zu den Schreckensbildern finden

Eine Patientin erzählt, sie fühle sich wie in einem schwarzen Loch. Das sagen viele Menschen von sich. Bei den meisten geht es dann so weiter, dass, nachdem sie das ausgesprochen haben, sich ein neuer Gedanke einstellt, und das unangenehme Sprachbild verschwindet wieder, wie es kam. Bei manchen hält der Gedanke an und wird immer mehr zur Qual. Manche haben dann die Empfindung, sie wären ihren Gedanken, vor allem natürlich den unangenehmen, hilflos ausgeliefert. »Ich kann gar nichts gegen solche Gedanken machen.«

Tatsächlich kann man nichts gegen das Auftauchen dieser oder jener Gedanken machen. Keiner weiß, woher die Gedanken kommen und wohin sie gehen. Dennoch gibt es Möglichkeiten, etwas gegen unangenehme Gedanken zu tun. Wir sprechen davon, diese zu verscheuchen. Eine Möglichkeit ist die, bewusst an etwas anderes zu denken. Unsere Empfehlung ist, bewusst ein Gegenbild oder einen Gegengedanken zu dem Schreckensbild oder dem Schreckensgedanken zu finden. Das kann Verschiedenes sein: der blaue Himmel oder ein weißes Licht oder ein schneebedeckter Berg und vieles andere mehr. Wichtig ist, das eigene, stimmige Bild zu finden und eines, das ebenfalls emotional erlebt wird, diesmal aber mit positiven Emotionen besetzt. Nun schlagen wir vor, zwischen diesen beiden Bildern hin und her zu pendeln. Es ist also nicht nötig, das unangenehme Bild zu unterdrücken. Wenn ein Gegenbild da ist, gibt es eine Wahl für mich. Ich kann mich mit dem einen Bild und mit dem andern beschäftigen. Ich kann mir vielleicht überlegen, dass ich bei dem angenehmen Bild etwas länger verweilen will. Ich kann dann auch erkunden, ob es für meinen Körper einen Unterschied macht, ob ich das eine Bild denke oder das andere. Die meisten Menschen werden entdecken, dass der Körper auf diese Bilder tatsächlich unterschiedlich reagiert.

Unsere Patientinnen sagen: »Wie gut, ich kann ja etwas machen.«

Etwas machen können, nicht mehr ohnmächtig sein, ist eine sehr wichtige Erfahrung für Menschen, die extreme Ohnmacht und Hilflosigkeit erlebt haben. Diese sind für traumatische Situationen typisch. Erschwerend kommt dann später dazu, dass es so aussieht, als sei man sich selbst gegenüber genauso hilflos. Wenn jemand dann beginnt, damit zu experimentieren, die eigenen Gedanken und Bilder zu beeinflussen, kann dies als sehr befreiend erlebt werden.

Dies ist eine sehr einfache und sehr wirksame Übung, die jederzeit und überall zu praktizieren ist. Das Wichtige dabei ist, dass man nichts unterdrückt, sich aber eine innere Alternative, eine Wahlmöglichkeit erschafft.

In unserem Therapieansatz spielt die Idee der inneren Wahlmöglichkeit eine große Rolle. Selbst wenn wir in der Außenwelt nicht immer alles verändern können, so haben wir doch die Möglichkeit, im eigenen Inneren Veränderungen herbeizuführen. Und davon machen wir in unserer Arbeit viel und sehr bewusst Gebrauch.

Die innere Welt von Menschen, die ein Trauma nicht verarbeitet haben, ist eine Welt der Schrecken. Gedanken, Bilder, Gefühle, die irgendwie mit den traumatischen Erfahrungen zusammenhängen, scheinen die ganze Innenwelt okkupiert zu haben. Ist die traumatische Erfahrung schon schlimm genug, so erschwert der traumatische Prozess, wie Gottfried Fischer (a. a. O.) das nennt, das Leben zusätzlich, wenngleich der traumatische Prozess eigentlich ein Bewältigungsversuch ist. Der Organismus schafft dies jedoch aus unterschiedlichen Gründen nicht. So ist es, als würde der Mensch mit einer posttraumatischen Störung sich selbst immer neu traumatisieren, obwohl er dies bestimmt am allerwenigsten möchte.

Wir schlagen vor, dieser Schreckenswelt nach und nach eine innere Gegenwelt entgegenzustellen. Diese Welt bringen viele bereits mit. Manche sagen: »Das hab ich als Kind gemacht, da hatte ich gute Bilder von einem Ort, an dem ich mich wohl gefühlt habe, und ich hatte auch eine gute Fee, die immer bei mir war, wenn ich traurig war, aber als ich dreizehn war, da hat mich meine Freundin ausgelacht, ich sei verrückt, dass ich an so was glaube, und ich dachte, eigentlich hat sie Recht, und dann hab ich damit aufgehört, mir so was vorzustellen.«

Manche gestehen zaghaft ein, dass sie mit einer Welt guter Bilder sich selbst trösten und dass ihnen das geholfen hat zu überleben, aber sie hätten nie gedacht, dass man darüber in einer Psychotherapie reden könnte und schon gar nicht, dass man direkt dazu angehalten würde, solche Bilder zu pflegen.

Natürlich gibt es auch Patienten, die sagen, so was könnten sie sich gar nicht vorstellen, in ihrem Leben sei es immer schrecklich gewesen und sie wüssten nicht, wie sie sich etwas Gutes vorstellen sollten. Wir fragen dann: »Angenommen, es würde Ihnen für einen Augenblick gelingen, doch an etwas Gutes zu denken, was würden Sie dann denken?« Es sind nur sehr wenige, die nicht einmal in Bezug auf die Zukunft sich etwas Gutes denken können. Viele können auch einen Einstieg finden, indem sie sich fragen, was hätte ich mir gewünscht, wenn es die gute Fee aus dem Märchen gegeben hätte. Wie hätte dann ein guter, sicherer Ort ausgesehen? Manche können sich die Frage stellen, was sie denken, was für einen anderen denn diese gute Fee gewesen wäre, z. B. für die eigenen Kinder oder andere, die sie gerne haben. Mir scheint, dass zumindest Menschen, die den Weg in eine Psychotherapie finden, ein Minimum an Hoffnungen haben, sonst kämen sie nicht. Und dieses Minimum ist dann unser Anknüpfungspunkt. Die Vorstellung, dass in einem Menschen nichts als Dunkelheit, Schwärze und Verzweiflung ist, und zwar auf Dauer, erscheint mir außerordentlich fragwürdig. Diese Unglücksraben-Menschen scheinen mir Konstrukte zu sein. Natürlich gibt es Menschen, die überwiegend unglücklich sind und auch sehr viel Leidvolles erleben und erlebt haben. Die Schwierigkeit für Menschen, die traumatisiert wurden, liegt darin, dass die Traumatisierung als traumatischer Prozess weitergeht. Und doch ist es wichtig, das Damals vom Heute unterscheiden zu lernen. Man kann daher z. B. nach dem Motto fragen: »Ihr Tag hat 24 mal 60 Minuten, Ihre Woche 7 mal 24 mal 60 Minuten. Wie viele Minuten schätzen Sie gibt es, an denen Sie sich ein bisschen wohler fühlen.« Es gibt nach meiner Erfahrung niemanden, der dann behauptet, es gäbe keine einzige Minute, keine einzige Sekunde, wo es nicht ein bisschen besser geht.

Viele professionelle Helfer lassen sich schnell von den Problemen und dem Leiden so sehr beeindrucken, dass sie sich ausschließlich mit den Schrecken beschäftigen. Nach ein paar Therapiesitzungen haben dann beide, Therapeutin und Patientin, den Eindruck, es gäbe im Leben der Patientin nur Leid und Probleme. Nach Momenten der Inspiration, der Freude, des Glücks und der Sinnhaftigkeit sollte man genauso forschen wie nach denen des Unglücks, des Leidens und der Sinnlosigkeit. Die meisten tiefenpsychologischen und psychiatrischen Interviews fragen praktisch nur nach Problematischem und nach ein paar harten Daten.

Es war Verena Kast (1991), die unseren Blick für die Frage schärfte, ob es im Leben unserer Patienten auch *Freude, Inspiration und Hoffnung* gäbe. Sie schlug in ihrem Buch mit gleichlautendem Titel vor, doch einmal eine Freudebiographie zu erheben oder schreiben zu lassen. Dies möchte ich sehr empfehlen. Wenn Sie die Übung für sich machen, wird es Ihnen helfen, Ihren Patienten dies auch zuzutrauen. Wenn Betroffene sie machen, kann es für sie vielleicht eine neue wichtige Erfahrung sein, den Blick einmal auf das zu lenken, was im Leben erfreulich war. Das ist oft die Zeit vor der Traumatisierung, aber selbst danach oder zwischen traumatischen Ereignissen mag es solche Momente gegeben haben. Wir empfehlen: »Denken Sie an das Kind, das Sie waren, erinnern Sie sich an Situationen, die einem Kind Freude machen: Dass die Sonnenstrahlen Kringel an die Wand malen, dass Staubpartikel in der Sonne tanzen, dass es Freude macht, in Pfützen zu hüpfen«, um nur einige sehr einfache Beispiele zu geben. Kinder drücken ihre Freude – wie auch andere Gefühle – immer sehr stark mit dem Körper aus. »Erinnern Sie sich auch an die Gefühle, die Sie beim Schaukeln hatten oder beim Seilhüpfen oder Ballspielen. Erinnern Sie sich an die Menschen, die für Sie gut und hilfreich waren. Wenn Sie Opfer kollektiver Traumatisierungen sind, war es vielleicht Ihre Familie, wenn Sie Opfer von Traumatisierung in der Familie sind, gab es vielleicht außerfamiliär für Sie liebevolle Menschen.«

»Es ist sehr unwahrscheinlich, dass es nicht für Sekunden Gefühle der Freude, des Glücks und der Geborgenheit gab. Lassen Sie *diese* Gefühle sich in Ihrem Körper ausbreiten, sodass es ist, als würde jede Ihrer Zellen von diesen Gefühlen erfüllt. Und dann können Sie weiter forschen nach anderen Momenten. Wenn Sie einmal mehr in Kontakt gekommen sind mit den freudigeren Gefühlen, geht es leichter, noch mehr zu entdecken. Selbst wenn es verglichen mit anderen nicht viel war, was Sie an Gutem erlebt haben, so werden Sie entdecken, dass es sich lohnt, sich nicht nur auf all den Schmerz in Ihrem Leben zu konzentrieren. Die Kraft, Ihren Schmerz zu heilen, erhalten Sie nicht durch die ausschließliche Konzentration auf Ihren Schmerz, sondern von Ihren positiven Gefühlen.«

Wir empfehlen nicht positives Denken. Positives Denken ist eine Lüge. Das Leben ist nicht nur »positiv«, aber es ist *auch* »positiv«. Carl Simonton (a.a.O.) meint, es gehe darum, realistisch zu denken, und realistisch ist, dass es beides gibt. Selbst wenn es bisher im Leben so aussah, als bestünde es überwiegend aus Unerfreulichem und Schmerz, so hat es vermutlich einige Momente gegeben, in denen sich die Patientin besser gefühlt haben dürfte. Wir raten, die Schale des Glücks so aufzufüllen, dass sie ein Gegengewicht bilden kann zur Schale des Unglücks. Das braucht Zeit und Geduld, aber es ist möglich. Es ist vor allem deshalb möglich, weil jetzt, heute, eine andere innere Welt erschaffen werden kann. Das, was war, ist nicht rückgängig zu machen. Darum geht es auch nicht. Es geht um Gegengewichte zu den Schreckensbildern im Kopf, die jetzt oft einseitig gewichtet sind. Wer so vorbereitet ist, dem fällt es leichter, sich die Schrecken der Vergangenheit anzuschauen, als wenn das Gute im Leben überhaupt nicht zur Kenntnis genommen wird.

1.4 Achtsamkeit üben

Eine Voraussetzung, die Dinge wahrzunehmen, wie sie sind, ist Achtsamkeit. Achtsamkeit ist für uns nichts Selbstverständliches. Lernen wir doch von klein auf eher Unachtsamkeit. Wir sollen »nicht merken«, wie Alice Miller (1983) das nannte. Andere scheinen besser zu wissen als wir selbst, wann wir hungrig sind, wann wir müde sein sollten, wann wir dies oder jenes können sollten. Kein Wunder, dass wir uns immer weniger genau achtsam wahrnehmen. So müssen wir Achtsamkeit wieder neu lernen. Obwohl es sich hier um kleine Übungen handelt, empfehle ich, Achtsamkeit in den Alltag zu integrieren. Viele Anleitungen, wie man bei alltäglichen Handlungen achtsamer sein kann, finden Sie bei Tich Nath Hanh (1996), dem vietnamesischen Meditationsmeister, der eine ganze Reihe von Büchern über Achtsamkeit geschrieben hat. Sie können z. B. einmal ganz achtsam etwas essen. Jeden Bissen genau wahrnehmen und eine Weile verfolgen, was mit diesem Bissen in Ihrem Körper geschieht. Jon Kabat Zinn (1991) schlägt dafür vor, einmal ganz achtsam drei Rosinen zu essen, eine sehr einfache und eindrucksvolle Übung. Oder Sie räumen ganz achtsam und mit aller Konzentration, derer Sie fähig sind, Ihre Spülmaschine ein. Oder Sie machen Ihre morgendlichen Vorbereitungen mit aller Achtsamkeit, die Sie aufbringen können. Ihrer Einfallskraft sind keine Grenzen gesetzt. Achtsam sein bedeutet, gegenwärtig zu sein. Wenn wir gegenwärtig sind, können uns Ängste, die mit Vergangenheit und Zukunft zu tun haben, weniger erreichen. Wir können die Einzigartigkeit eines Augenblicks wahr-

nehmen, wir können uns selbst bewusster wahrnehmen und schließlich auch andere. Jetzt, wo ich dies schreibe, ist gerade ein strahlend schöner Frühlingstag. Was für eine Freude, achtsam diesen Tag wahrzunehmen.
Ich beginne mit einigen **Übungen**. Die erste leitet bei uns in der Klinik jede weitere ein. Ich schreibe die Übungen so auf, wie wir sie an unsere Patientinnen und Patienten herantragen:

Übung zur Achtsamkeit

Ich bitte Sie jetzt, eine für Sie angenehme Körperhaltung zu finden – liegen oder sitzen … Spüren Sie erst einmal, dass Ihr Körper Kontakt mit dem Boden hat. Es geht nur darum wahrzunehmen, dass Ihr Körper Kontakt hat und wo er Kontakt hat. Dabei geht es nicht um richtig oder falsch, sondern darum, bewusst zu registrieren …
Und als Nächstes bitte ich Sie, wahrzunehmen, dass Ihr Körper atmet und dass er dabei Bewegungen macht. Registrieren Sie diese Bewegungen. Registrieren Sie, dass sich der Brustkorb sanft hebt und senkt … Und dass die Bauchdecke sich hebt und senkt … Und wenn Sie sehr genau wahrnehmen, dann spüren Sie auch, dass die Nasenflügel ganz kleine Bewegungen machen. Und diese Bewegungen des Körpers beim Atmen nehmen Sie einige Augenblicke lang wahr … Beenden Sie die Übung, indem sie wieder bewusst wahrnehmen, dass Ihr Körper Kontakt hat mit dem Boden oder dem Stuhl, und nehmen Sie Ihre Körpergrenzen achtsam wahr. Kehren Sie dann mit der Aufmerksamkeit bewusst in den Raum zurück und nehmen Sie diesen bewusst wahr.

Dies ist eine sehr einfache Achtsamkeitsübung. Durch diese Übung fokussieren Sie Ihre Aufmerksamkeit. Es ist wichtig, nicht zu erwarten, dass Sie die ganze Zeit ganz und gar aufmerksam sind, das gelingt kaum jemandem. Dennoch führt der Entschluss, sich für eine Weile auf etwas Bestimmtes zu konzentrieren, zu Beruhigung und Entspannung. Dies ist eine sanfte Art der Entspannung, die es dem Körper erlaubt, sich zu entspannen, so viel, wie er will, ohne dass man ihm befiehlt: entspanne, entspanne!

*Und jetzt lade ich Sie ein, **mit der Aufmerksamkeit durch den Körper zu gehen**. Sie können, wenn Sie wollen, sich vorstellen, dass* *die Achtsamkeit wie eine Körperberührung ist. Beginnen Sie beim Scheitel. Nehmen Sie die Scheitelregion achtsam wahr. Registrieren Sie, was dort zu spüren ist. Fühlt sich das angenehm oder unangenehm an? Ist es eher kalt oder warm? Oder ist dort eigentlich gar nichts zu spüren? ... Wenn Sie diese Übung zum ersten Mal machen, ist es vielleicht einfacher, nur außen zu spüren, ansonsten können Sie versuchen, außen und innen zu spüren ... Lenken Sie ihre Aufmerksamkeit dann zum Hinterkopf. Nehmen Sie ihn und was Sie dort spüren wahr ... Gehen Sie dann weiter mit Ihrer Aufmerksamkeit zu den Ohren ... zur Stirn ... zu den Augen ... Nehmen Sie achtsam Ihre Wangen wahr ... die Nase ... den Mund ... und die Region zwischen Mund und Nase ... das Kinn ... Nehmen Sie den Hals und den Nacken achtsam wahr ... Gehen Sie dann mit der Aufmerksamkeit zu den Schultern. Nehmen Sie die Schultern wahr ... die Oberarme ... die Unterarme ... die Hände ... Nehmen Sie Arme und Hände noch mal als Ganzes wahr, von der Schulter bis zu den Fingerspitzen ... Und jetzt nehmen Sie den Rumpf wahr, zunächst den Rücken vom Nackenwirbel bis zum Steißbein ... dann den vorderen Teil des Rumpfes, zunächst den Brustbereich ... Nehmen Sie dann den Bauchbereich wahr ... dann den Beckenbereich ... Gehen Sie jetzt mit Ihrer Aufmerksamkeit zu den Beinen, zunächst zu den Oberschenkeln ... Dann nehmen Sie ihre Knie achtsam wahr ... die Unterschenkel ... die Füße ... Und dann nehmen Sie noch mal die Füße und Beine als Ganzes wahr, von den Hüftgelenken zu den Zehenspitzen ... Schließen Sie die Übung ab, indem Sie sich vorstellen, dass Sie durch den Scheitel einatmen und dass der Atem den Körper durch die Füße verlässt ... Kommen Sie dann bitte mit der vollen Aufmerksamkeit zurück in den Raum.*

Mit dieser Übung lässt Jon Kabat Zinn (a.a.O.) seine Patientinnen und Patienten acht Wochen lang arbeiten. Darüber hinaus bietet er noch Yoga-Übungen an und die »Liebende-Güte«-Übung, die ich später auch noch vorstellen werde. Kabat Zinn hat allein mit diesem Programm sehr gute Erfolge bei schwer kranken Menschen, z. B. bei Patienten mit Schmerzzuständen. Der Körper dankt es uns, wenn wir uns endlich achtsam um ihn kümmern. Das achtsame Wahrnehmen des Körpers bleibt nicht ohne – positive – Folgen. Endlich spürt unser Körper, dass wir ihn überhaupt zur

Kenntnis nehmen, nachdem wir ihn jahrelang schlechter als unser Auto behandelt und nur erwartet haben, dass er funktioniert, während die meisten Menschen hierzulande ihr Auto immerhin pflegen. Diese Übung des achtsamen Wahrnehmens des Körpers ist auch sehr geeignet, um sich stärker zu erden und zu spüren, insbesondere wenn Sie am Anfang und am Ende achtsam wahrnehmen, dass Ihr Körper Grenzen hat, die Kontakt mit dem Boden haben.
Eine Schwierigkeit dieser Übung ist, dass man oft genau dadurch merkt, wie viele Schmerzen körperlicher und seelischer Art im Körper gespeichert sind. Manche Patientinnen fürchten sich daher regelrecht vor dieser Übung. Dann kommt sie möglicherweise zu früh. Kabat Zinn spricht bei seinem Vorgehen von »full catastrophy learning«, d. h., dadurch, dass wir uns den Katastrophen stellen, sie anschauen, lösen sie sich auf. Ich bin nicht der Meinung, dass das bei traumatisierten Menschen so ohne weiteres gilt. Wer durch diese Übungen mit derzeit nicht aushaltbarem Schmerz in Kontakt kommt, dem sollten lieber andere Übungen empfohlen werden, z. B. die folgende:
Dabei geht es darum, sich bewusst zu machen, welche Freuden man dem Körper verdankt. Auch darüber gehen wir in der Regel achtlos hinweg, sodass wir uns auch bei dieser Übung in Achtsamkeit üben.

Gehen Sie zunächst mit der Aufmerksamkeit zum Kopf ... Und überlegen Sie sich, machen Sie sich bewusst, welche Teile des Kopfes – z. B. die Augen, die Ohren, der Mund – Ihnen in irgendeiner Form Freude bereiten, kleine alltägliche oder auch größere Freuden ... Und stellen Sie sich diese Freuden so konkret wie möglich vor, z. B. dass Sie Farben sehen können. Spüren Sie, was es für Sie bedeutet, Farben sehen zu können ... Dann gehen Sie mit Ihrer Aufmerksamkeit zu allem, was zu Ihrem Bewegungsapparat gehört, also zu den Knochen, Muskeln und Sehnen. Sie können sich auch auf Hände, Arme oder Beine konzentrieren. Was für Freuden verdanken Sie den Teilen des Körpers, die zu Ihrem Bewegungsapparat gehören? ... Dann möchte ich Sie einladen, sich mit den inneren Organen zu befassen; die Organe, die Ihnen einfallen ... Welche Freuden können Sie mit Hilfe Ihrer inneren Organe erleben? Oder welche Bedingungen schaffen diese Organe, dass Sie mit Ihrem Körper Freude erleben können? Und wenn Sie darüber etwas wissen, dann beziehen Sie auch die Drüsen mit ein ... Da ich längst nicht alles erwähnt habe, was zum Körper gehört, beispielsweise die Haut, bitte ich Sie auch noch mal, dass Sie schauen, ob es irgendetwas gibt, was ich nicht erwähnt habe, was aber für Sie von großer Bedeutung ist für Ihre Erfahrung von Freude ... Wenn Sie möchten, nehmen Sie sich einen Augenblick lang Zeit, sich bei Ihrem Körper und diesen Teilen zu bedanken. Wenn Sie das nicht möchten, ist das auch in Ordnung ... Kommen Sie dann mit der vollen Aufmerksamkeit zurück in den Raum.

Für diejenigen, die es gerne etwas »poetischer« lieben, möchte ich noch eine andere Art von **Körperwahrnehmungsübung** mitteilen. Es handelt sich um eine abgewandelte Übung von Phyllis Krystal (1989):

Stellen Sie sich jetzt bitte ein Licht von der Sonne oder vom Mond vor, je nachdem, ob Sie lieber ein wärmendes oder ein kühlendes Licht benötigen. Stellen Sie sich dann vor, dass Sie einen Lichtstrahl nach und nach über und durch Ihren Körper leiten. Das Licht soll den Körper beleben, regenerieren und heilen. Beginnen Sie bei den Füßen und wandern Sie dann mit dem Licht die Beine hoch. Geben Sie dann Ihrem Becken Licht und dem Bauch. In der Gegend, wo sich die Rippenbögen treffen, stellen Sie sich eine Blüte vor, die das Licht in sich aufnimmt und sich dadurch öffnet. Wenn die Blüte ganz erfüllt ist von Licht, bitten Sie sie, ihr Licht wieder abzugeben und in den Rücken fließen zu lassen, sodass der ganze Rücken jetzt Licht bekommt von der Blüte ... Und dann stellen Sie sich vor, dass im Bereich des Kehlkopfes ebenfalls eine Blüte ist, die sich dem Licht öffnet und Licht in sich aufnimmt ... Und dann können Sie auch diese Blüte wieder bitten, ihr Licht zu verschenken. Und diesmal verteilt sich das Licht im Brustraum, im ganzen Halsbereich ... Und dann wandern Sie mit Hilfe des Lichtstrahls die Arme entlang, von den Schultern bis zu den Fingerspitzen. Geben Sie Schultern, Armen und Händen dieses Licht zur Belebung, zur Regeneration und zur Heilung ... Und zum Schluss geben Sie Ihrem Kopf das Licht. Wandern Sie mit dem Lichtstrahl über das Gesicht und dann durch den ganzen Kopf. Und das Licht gibt Heilung, es belebt und regeneriert ... Schließen Sie diese Übung ab, indem Sie sich vorstellen, dass Sie durch den Scheitel einatmen und durch die Füße ausatmen. Kommen Sie dann mit der vollen Aufmerksamkeit zurück in den Raum.

Wer eine dieser Übungen ein paar Wochen regelmäßig macht und ab und zu im Alltag an das Achtsamsein denkt, wird bestimmt einige Veränderungen an sich bemerken und sich auch wacher wahrnehmen.

1.5 Den inneren Beobachter kennen lernen

Bei allen Achtsamkeitsübungen wird die Fähigkeit genutzt, dass man beobachten kann. Wir alle beobachten uns mehr oder weniger genau und wach den ganzen Tag. Diese Fähigkeit kann man sich zunutze machen, das heißt, man kann sie bewusster nutzen. Damit haben wir ein Instrument zur Verfügung, das uns in vielen verschiedenen Situationen dienen kann. Wir nutzen dieses Instrument, um uns selbst als Therapeutinnen vor burn-out zu bewahren. Unseren Patientinnen und Patienten empfehlen wir es in der Phase der Stabilisierung, dort hilft es, sich zu distanzieren, später wird es dann auch in der Traumabegegnungsphase noch einmal sehr wichtig. Hier die Übung:

Machen Sie sich bewusst, dass Sie ohne die Fähigkeit zu beobachten nicht hätten wahrnehmen können, dass Ihr Körper Kontakt mit dem Boden hat oder dass er atmet. Nutzen Sie jetzt ganz bewusst Ihre beobachtende Funktion, indem Sie achtsam beobachtend durch den Körper wandern, vom Scheitel bis zu den Sohlen, und nehmen Sie wahr, wo es im Körper schmerzhafte Stellen oder Verspannungen gibt. Nehmen Sie sich dafür einige Minuten Zeit … Und machen Sie sich zwischendurch immer wieder klar: Ich kann meinen Körper beobachten, also bin ich mehr als mein Körper … Und beobachten Sie auch, wie es sich auf Sie auswirkt, dass Sie sich diese beobachtende Funktion zu Nutze machen … Konzentrieren Sie sich jetzt einige Zeit darauf, dass Sie wahrnehmen, was Sie denken. Beobachten Sie, was Sie denken. Wobei es manchmal so ist, wenn man anfängt, beobachten zu wollen, was man denkt, denkt man nicht mehr, der Kopf ist wie leergefegt. Aber nach einer Weile fängt es dann doch wieder an … Sie können Ihren Gedanken auch eine gewisse Ordnung geben, indem Sie un-

terscheiden zwischen Gedanken, die sich auf die Gegenwart, auf die Zukunft und auf die Vergangenheit beziehen. Und dadurch, dass Sie sie immer wieder beobachten, wird Ihnen auch klarer, worüber Sie viel nachdenken. Jetzt in dieser Übung geht es mehr darum, sich die beobachtenden Fähigkeiten bewusst zu machen. Und deshalb möchte ich Sie wieder einladen, dass, während Sie ihre Gedanken beobachten, Sie sich bewusst machen: Ich kann meine Gedanken beobachten, also bin ich mehr als meine Gedanken ... Jetzt möchte ich Sie einladen, dass Sie beobachten, welche Stimmung im Moment vorherrscht und ob sie sich verändert hat. Wieder mit dem Wissen, ich kann meine Stimmung oder meine Stimmungen beobachten, also bin ich mehr als meine Stimmung ... Und dann lassen Sie sich noch einen Moment Zeit, Ihre Gefühle zu beobachten. Welche Gefühle sind da jetzt? ... Ich kann meine Gefühle beobachten, also bin ich mehr als meine Gefühle ... Und zum Schluss machen Sie sich klar, dass Sie auch beobachten können, dass Sie beobachten. Dieser Teil, der beobachtet, dass wir beobachten, den können wir auch den inneren Zeugen nennen. Es ist der Teil, der neutral wahrnimmt, was ist. Und diese Fähigkeit, die können Sie sich zu Nutze machen. Wenn Sie verwickelt sind, können Sie sich auf diesen Beobachter des Beobachters zurückziehen und dadurch Distanz bekommen, wenn Sie möchten ... Kommen Sie dann mit der vollen Aufmerksamkeit zurück in den Raum.

Ich werde später noch einmal ausführlicher auf das Distanzieren eingehen, vorerst ist es mir wichtig, dass die Fähigkeit des Sich-beobachten-Könnens bewusster geworden ist.
Die Beobachter-Übung wäre eine gute Alternative zu den zuvor erwähnten Achtsamkeitsübungen, falls diese mehr zusagt. Es ist nicht so wichtig, welche Übung man macht, sondern dass man eine für sich günstige für eine Weile regelmäßig macht. Entscheiden kann man danach, was einem am meisten Freude bereitet.

1.6 Ein Gegengewicht für die Schreckensbilder finden

Genau hinschauen bedeutet wahrnehmen, dass es beides im Leben gibt, das Schreckliche und das Schöne, das Schwere und das Leichte, das Dunkle und das Helle. Wenn wir achtsam sind, fällt es uns leichter, dies genauer wahrzunehmen und auch zu spüren. Da Menschen, die ihre Traumatisierungen nicht verarbeiten konnten, besonders an ihren Schreckensbildern leiden, habe ich mich auf die Suche gemacht nach Übungen, die als Gegengewicht verwendet werden können. Durch den Besuch vieler Seminare bei den verschiedensten Psychotherapeuten habe ich sehr viele verschiedene Imaginationsübungen kennen gelernt und erprobt. Anschließend habe ich diese Übungen daraufhin untersucht, inwieweit sie sich in der Arbeit mit Menschen, die an einer posttraumatischen Störung leiden, eignen. Dabei habe ich herausgefunden, dass es wichtig ist, dass diese Menschen immer das Gefühl behalten, die Kontrolle zu haben. Es kommt nicht darauf an, dass sie tief in die Entspannung hineingehen. Fast alle Therapeuten, die mit Imaginationen arbeiten, machen zunächst eine Entspannungsanleitung, und wir haben das früher auch so gemacht. Dann bemerkten wir, dass sich viele unserer Patientinnen damit nicht wohl fühlten und befürchteten, sie würden dann nicht mehr mitbekommen, was um sie herum vor sich geht, und das war ihnen unheimlich. Man kann sich darin trainieren, sowohl – ein wenig – nach innen zu gehen und gleichzeitig außen wahrzunehmen, also eine Form doppelter Aufmerksamkeit zu praktizieren. Heute empfehlen wir die kleinen Achtsamkeitsübungen, die Sie schon kennen gelernt haben, die helfen, die Aufmerksamkeit zu fokussieren. Durch dieses Fokussieren der Aufmerksamkeit ist man ganz von selbst nicht mehr auf all die belastenden Dinge, die einem sonst dauernd durch den Kopf gehen, konzentriert und dadurch kann sich dann auch der Körper entspannen, und zwar gerade so viel wie er möchte. Man kann aber auch damit beginnen, sich die folgenden Übungen eher wie Geschichten zu erzählen, also noch ganz im Denken zu bleiben, da man aber bildhaft denkt, werden diese Geschichten auch eine Wirkung haben.

Die Imaginationsübungen, mit denen wir heute in der Klinik arbeiten, haben sich alle bewährt bei vielen Menschen, die sie gerne machen. Das bedeutet aber nicht, dass jeder Mensch alle Übungen angenehm findet. Am besten ist, sie alle einmal kennen zu lernen, d. h., Sie können sie erst einmal alle durchlesen und schauen, welche Sie am meisten anspricht. Diese Übung können Sie dann für sich und später mit Ihren Patienten ausprobieren. Wenn Sie merken, dass Ihnen eine Übung Freude macht, ist es gut, wenn Sie sie

für eine Weile regelmäßig üben. Dies empfehlen wir auch den Patientinnen.
Menschen, die bei uns in der Klinik vorhaben, mit unserer Hilfe ihre traumatischen Erfahrungen noch mal anzuschauen, raten wir besonders zu der **Übung des inneren sicheren Ortes** und der **inneren Helfer**. Das hat damit zu tun, dass diese beiden Übungen in der Traumakonfrontation sehr hilfreich sein können. Insbesondere die Helfer können einem beistehen, dem Schrecken zu begegnen. Und an den sicheren Ort kann man immer wieder gehen, um aufzutanken.
Außerdem sind diese beiden Übungen eng verwandt mit dem, was Schamanen auf der ganzen Welt tun. Sie gehen nämlich in der Vorstellung an einen Ort im Innern der Erde und treffen dort ihre Geistführer, die ihnen mit Rat und Hilfe beistehen. Da schamanisches Heilen ein Heilen mittels Imagination darstellt und die älteste Form der Ausübung von Heilkunde ist, stelle ich mir vor, dass es in unserem kollektiven Unbewussten, wie Jung das genannt hat, ein Wissen gerade von diesen beiden Imaginationen gibt, das sich viele Menschen rasch verfügbar machen können. (Zum Thema schamanisches Heilen und Imagination empfehle ich die Bücher von Jean Achterberg [1990] und Michael Harner [1986].)
Wer diese Bilder gänzlich fremd findet, sollte sich nicht dazu zwingen, mit ihnen zu arbeiten, sondern nach eigenen Bildern suchen. Wir alle verwenden beim Sprechen mehr oder weniger häufig Sprachbilder. Manche Menschen benutzen eine sehr bilderreiche Sprache, andere eher eine abstrakte. Wohl kaum jemand verwendet nie ein Bild. Diese Sprachbilder kann man bewusst wahrnehmen. In der Therapie kann der Therapeut darauf achten, und aus ihnen heraus kann man dann nach und nach heilende Bilder und Vorstellungen entwickeln. Oder man erinnert sich an Situationen, in denen man sich wohl gefühlt hat, und entwickelt dann wiederum daraus Vorstellungen eines sicheren Ortes wie im Traum, wo man mehrere Bilder, Zeiten oder Orte ineinander schiebt.
Ähnlich kann man es auch mit den Helfern machen. Man nimmt die Eigenschaften von Menschen, die einem lieb und wichtig sind, und bastelt sich daraus einen Helfer. Manche glauben, dass das dann nicht genügend aus dem Unbewussten kommt. Ich sage: »Na

und wenn schon!« Unser Unbewusstes lernt vom Bewusstsein und umgekehrt. Letzten Endes ist es egal, woher die tröstlichen Bilder kommen, Hauptsache, es gibt sie.
Sie könnten also darauf achten, wenn Sie das nächste Mal einen bildhaften Ausdruck verwenden mit einem belastenden Bild. Zum Beispiel: »Das liegt wie eine Zentnerlast auf mir.« Dazu suchen Sie nun ein Gegenbild. Mir fällt dazu das Bild eines leichtfüßig hüpfenden Kindes ein. Und dann pendeln Sie zwischen diesen Bildern hin und her. Mit dem leichtfüßig hüpfenden Kind käme ich dann vielleicht in andere, mir Freude machenden Bilder, leichter hinein, und Sie könnten das auch versuchen. Und nach und nach würden Sie sich dann eine Reihe von Bildern erschaffen, die Ihnen eine Hilfe sein können. So könnten Sie sich nach und nach angenehmer Bilder bewusster werden.
Wenn Sie die Imaginationsübungen gerne verwenden, so können sie richtig freundliche Begleiter werden. Ich werde Ihnen die Übungen, wie wir sie heute verwenden, vorstellen und sie kommentieren.
Ich sprach schon davon, dass wir die kleine Achtsamkeitsübung zur Einleitung empfehlen und dass dies zur Folge hat, dass der Körper so viel entspannen kann, wie er will, ohne dass das bewusste Ich dem Körper befiehlt: entspanne, entspanne. Daher ist diese Art des Übens für traumatisierte Menschen besonders angenehm. Insoweit ist diese Übung eine Entspannungsinduktion, dennoch nenne ich sie lieber Achtsamkeitsübung zur Einleitung für Imaginationsübungen. Diese Übung kann auch für sich alleine stehen, wie ich bereits erwähnte. Man kann sie oft machen, immer, wenn man sich angespannt oder unruhig fühlt, kann die Konzentration auf das Atmen, die Bewegungen des Körpers beim Atmen, lenken. Nach unserer Erfahrung macht es einen Unterschied, ob man sich auf den Atem oder die Bewegungen des Körpers beim Atmen konzentriert. Letzteres scheint für traumatisierte Menschen günstiger.
Ein weiterer wichtiger Punkt ist das Wahrnehmen der Körpergrenzen und der Kontakt des Körpers. Da viele traumatisierte Menschen nicht »richtig« im Körper, d. h. dissoziiert sind, empfehlen sich solche einfachen Körperwahrnehmungsübungen sehr. Später werde ich ausführlicher vom Umgang mit dissoziativen Phänomenen berichten.

Die Übung des Wahrnehmens der Körpergrenzen macht eines unserer Prinzipien deutlich: Einfachheit.
Je einfacher etwas ist, desto eher hat es eine Chance, angewendet zu werden. Allerdings sind die einfachen Dinge für viele von uns besonders schwierig, weil sie nicht in Einklang zu sein scheinen mit dem, was unser Verstand will. Der mag es gerne kompliziert und will nicht glauben, dass es so einfach ist. Oft sagen mir Patientinnen, das kann doch nicht sein, dass es so einfach ist. Und ich antworte: Ja, es ist einfach, aber es ist auch schwer, weil es ganz ungewohnt ist, und alles, was ungewohnt ist, macht auch Angst. Man kann den Verstand ein wenig überlisten, indem man ihm vorschlägt, dass man einmal etwas probiert, eine Erfahrung damit macht und dann später entscheidet, ob etwas wirklich hilfreich ist. Der kritische Verstand ist durchaus wichtig, er hat bestimmt schon oft eine Schutzfunktion übernommen, und deshalb hat es auch keinen Sinn, ihn zu übergehen, aber ums Stillhalten kann man ihn schon bitten. Es lohnt sich auch, ihm ab und an zu danken, was er alles für einen getan hat, denn das hat er ja getreulich über viele Jahre.
Wenn man die Achtsamkeitsübung als Einleitung nimmt, sollte man die Wahrnehmungsübung ganz am Ende der Imaginationsübung wiederholen. Das hilft, sich wieder im Hier und Jetzt zu orientieren.
Bevor ich die nächsten Übungen vorstelle, möchte ich noch einmal etwas zu den Nebenwirkungen dieser Übungen ganz allgemein sagen. Es gilt, dass das, was wirkt, auch Nebenwirkungen hat. Eine wichtige Nebenwirkung jeder Art entspannender Tätigkeit ist, dass man mehr in belastendes Material hineinkommen kann. Zum Beispiel Menschen, die jedes Wochenende krank werden, z. B. Migräne bekommen, oder Menschen, die am Anfang des Urlaubs krank werden. Jeder, der meditiert, weiß, wie unangenehm einen dabei Müdigkeit überfallen kann. Das hat nichts damit zu tun, dass Meditieren müde macht, sondern dass man merkt, was in einem los ist. So kann es auch passieren, dass schmerzliche Gedanken, Bilder und Gefühle auftauchen, die man, wenn man immerzu beschäftigt ist, einfach nicht wahrnimmt. Das kann Angst machen. Und traumatisierte Menschen könnten dann dissoziieren, um die Angst nicht zu spüren, was wiederum neue Probleme schaffen würde. Eine gute Möglichkeit, Nebenwirkungen gering zu halten,

ist, die Übungen eher denkend als in Bildern durchzuführen. Wir haben die Erfahrung gemacht, dass das Denken über eine solche Übung letzten Endes die gleiche Wirkung hat, die Patientinnen sich aber viel sicherer fühlen, da sie mehr die Kontrolle behalten. Man kann sich die Imaginationsübung also ausdenken wie eine Geschichte, die man sich selbst erzählt, wie ich es bereits erwähnt habe.

Und nun möchte ich Sie einladen, die **Übung des inneren sicheren Ortes** kennen zu lernen … *Dieser Ort kann auf der Erde sein, er muss es aber durchaus nicht. Er kann auch außerhalb der Erde sein … Lassen Sie Gedanken oder Vorstellungen oder Bilder aufsteigen von einem Ort, an dem Sie sich ganz wohl und geborgen fühlen. Und geben Sie diesem Ort eine Begrenzung Ihrer Wahl, die so beschaffen ist, dass nur Sie bestimmen können, welche Lebewesen an diesem Ort, Ihrem Ort, sein sollen, sein dürfen. Sie können natürlich Lebewesen, die Sie gerne an diesem Ort haben wollen, einladen. Wenn möglich, rate ich Ihnen, keine Menschen einzuladen, aber vielleicht liebevolle Begleiter oder Helfer, Wesen, die Ihnen Unterstützung und Liebe geben. Prüfen Sie, ob Sie sich dort mit allen Ihren Sinnen wohl fühlen. Prüfen Sie zuerst, ob das, was Ihre Augen wahrnehmen, angenehm ist für die Augen. Wenn es noch etwas geben sollte, was Ihnen nicht gefällt, dann verändern Sie es … Nun überprüfen Sie bitte, ob das, was Sie hören, für Ihre Ohren angenehm ist … Wenn nicht, verändern Sie es bitte so, dass alles, was Ihre Ohren wahrnehmen, angenehm ist … Ist die Temperatur angenehm? … Wenn nicht, so können Sie sie jetzt verändern … Kann Ihr Körper sich so bewegen, dass Sie sich damit ganz wohl fühlen, und können Sie jede Haltung einnehmen, in der Sie sich wohl fühlen? … Wenn noch etwas fehlt, verändern Sie alles so, bis es ganz stimmig für Sie ist … Sind die Gerüche, die Sie wahrnehmen, angenehm? … Auch sie können Sie verändern, sodass Sie sich ganz wohl damit fühlen … Wenn Sie nun spüren können, dass Sie sich ganz und gar wohl fühlen an Ihrem inneren Ort, dann können Sie mit sich eine Körpergeste vereinbaren. Und diese kleine Geste können Sie in Zukunft ausführen und Sie wird ihnen helfen, dass Sie diesen Ort ganz rasch wieder in der Vorstellung haben. Und wenn Sie das möchten, können Sie diese Geste jetzt ausführen … Um die Übung zu beenden, können Sie wieder Ihre Körper-*

grenzen wahrnehmen und den Kontakt des Körpers mit dem Boden achtsam registrieren. Danach kommen Sie dann mit der Aufmerksamkeit zurück in den Raum.

Ich möchte Sie einladen wahrzunehmen, wie es Ihnen geht, nachdem Sie diese Übung gemacht haben. Fühlen Sie sich in irgendeiner Weise leichter, angenehmer? Wenn das der Fall ist, so könnte es sich lohnen, diese Übung für eine Weile regelmäßig zu machen, sodass sie Ihnen sozusagen in Fleisch und Blut übergeht und Sie sie jederzeit einsetzen können, wenn Sie sich angespannt oder unwohl fühlen. Sie werden dann erfahren, dass Sie auf diese Art, d. h. mit Hilfe dieser Übung, Meisterin/Meister schwieriger Situationen werden, indem Sie sich rasch helfen können, ruhiger zu werden, aufzutanken. Dies gelingt aber in angespannten Situationen nur dann, wenn man die Übungen verinnerlicht hat. Wer die Übung nur ab und zu macht, mag sie im jeweiligen Moment als wirksam erleben, es ist aber unwahrscheinlich, dass sie in kritischen Situationen hilft, insbesondere deshalb, weil sie dann nicht rasch genug verfügbar ist.
Wir verstehen diese Übungen am Anfang der Behandlung also in der Zeit der Stabilisierung nicht als Material für tiefenpsychologische Deutungen. Später, d. h. nach der Traumabegegnungsphase, können Sie dann auch nach den tieferen Bedeutungen der Bilder fragen. Zunächst geht es darum, sicher über diese guten inneren Bilder zu verfügen, wenn man in Not ist. Und damit komme ich gleich zu unserer zweiten wichtigen Übung, nämlich die **der inneren hilfreichen Wesen.**

Ich möchte Sie einladen, dass Sie sich für einige Augenblicke bewusst machen, was für ein Wunder Ihr Körper ist und dass da eine Weisheit wirkt, die größer ist als Ihr bewusstes Ich, die bewirkt, dass alle diese vielen Zellen und Organe zusammenarbeiten. Machen Sie sich bewusst, dass der Körper sich heilt, wenn es nötig ist, und wie komplex das alles ist. Dass es für unseren bewussten Verstand unmöglich ist, das zu steuern, und es dennoch funktioniert … Dieses Bewusstsein kann man die innere Weisheit nennen. Und ich möchte Ihnen vorschlagen, mit Ihrer inneren Weisheit in Kontakt zu gehen, entweder indem Sie sie in einem Teil Ihres Körpers besonders stark wahrnehmen oder indem Sie ihr eine Gestalt geben … Und dann bitten Sie Ihre innere Weisheit, wenn Sie mögen, Sie

in Kontakt zu bringen mit einem oder mehreren hilfreichen Wesen … Wenn Sie einen Kontakt herstellen konnten, dann können Sie um Rat oder Hilfe bitten … Wenn Sie etwas bekommen haben, dann ist es gut, sich dafür zu bedanken. Sie können sich auch für das Erscheinen der hilfreichen Wesen bedanken. Wenn Sie möchten, können Sie sich auch bei Ihrer inneren Weisheit bedanken …
Und wenn Sie keinen Kontakt bekommen haben, es aber wünschen, dann machen Sie diese Übung einfach immer wieder, irgendwann wird der Kontakt dann da sein …
Kommen Sie dann mit der vollen Aufmerksamkeit zurück in den Raum.

Für mich ist dies eine sehr tröstende Übung, die dazu dienen kann, immer dann, wenn ich mich einsam oder hilflos fühle, mich mit meinen Helfern zu verbinden. In der Traumakonfrontation ist diese Übung sehr wesentlich, denn die Helfer können dann zur Seite stehen und trösten.
Andere, Ich-nähere Unterstützer und Helfer sind die Mitglieder des »**inneren Teams**«. Wir verstehen unter dem inneren Team jüngere und zukünftige Ichs, die man um ihre Meinung und um Rat bitten kann. Diese Übung habe ich bei Jean Houston (1992) unter der Überschrift »innere Mannschaft« gelernt. Houston bezieht sich dabei auf den Odysseus-Mythos. Dort gibt es die Stelle, wo Odysseus seine Mannschaft wegschickt, und dabei droht sein Schiff beinahe unterzugehen. Wenn wir, so meint Houston, nicht mehr in Kontakt sind mit unserer inneren Mannschaft, dann droht unser Lebensschiff unterzugehen. Da wir viel mit Frauen arbeiten, fanden wir den Titel »Mannschaft« nicht passend, »Frauschaft« ist kein deutsches Wort, also fiel uns inneres Team ein, dieses Wort passt für Männer und Frauen. Später hat dann Schultz von Thun (1999) sein Buch über das innere Team veröffentlicht. Sein Team besteht aus anderen Gestalten, im Prinzip geht es ihm aber um Ähnliches. Hier die Übung:

Stellen Sie sich eine Art Konferenzraum vor, einen Raum, der Ihnen angenehm ist, in dem Sie sich wohl fühlen können. Und in diesem Raum steht ein runder Tisch … Und jetzt laden Sie sich selbst als die Person, die Sie einmal waren und als die, die Sie einmal sein werden, an diesen Tisch. Als erstes laden Sie die Person ein, die Sie vor 10 Jahren waren … Dann laden Sie den Teenager ein, der Sie einmal waren ... Als nächstes laden Sie das Kind, das Sie mit zwei bis vier Jahren waren, an den Tisch ein ... Jetzt laden Sie das Wesen ein, das Sie vor der Zeugung waren. Und wenn Ihnen das zu seltsam erscheint, dann laden Sie das Wesen vor der Geburt ein ... Und zum Schluss laden Sie die alte Person, die Sie sein werden, ein ... Vielleicht ist es jetzt beim ersten Mal nicht möglich, alle an einen Tisch zu bekommen. Das ist in Ordnung. Sie können nun mit diesem Ihrem inneren Team eine Frage erörtern, eine Frage, die Sie vielleicht schon länger beschäftigt, wo viel Unklarheit ist. Und Sie können Ihr inneres Team um seine Meinung bitten in einer Art Brainstorming, wo jeder Teil dieses Teams frei seine Meinung zu dem Thema äußert ... Jeder Teil dieses Teams ist eingeladen, seine Meinung zu dem Thema beizusteuern ... Es ist wichtig, dass jeder Teil die Möglichkeit hat, sich zu äußern, auch wenn andere Teile ganz anderer Meinung sind ... Kommen Sie dann langsam zum Ende Ihrer Konferenz und bedanken Sie sich bei Ihrem inneren Team ... Kommen Sie dann mit der vollen Aufmerksamkeit zurück in den Raum.

Nun haben Sie wichtige Darsteller auf der inneren Bühne kennen gelernt. Aber es gibt noch mehr davon. Eigentlich so viele, wie jeder dort haben will, denn jeder/jede ist Autor/Autorin der inneren Dramen oder Komödien und ist auch Regisseur und Dramaturg und Zuschauerin zugleich. Wir werden in späteren Kapiteln noch mehr von diesen inneren Gestalten kennen lernen.
Die hilfreichen Wesen und das innere Team repräsentieren in gewisser Weise die innere Weisheit. Daher ist es manchen Menschen auch lieber, sie setzen sich einfach »nur« mit ihrer inneren Weisheit in Verbindung, der sie eine Gestalt geben oder auch nicht. Wem das so lieber ist, der sollte natürlich auf diese Art verfahren. Überhaupt verstehen wir diese Übungen nur als Anregungen, und wer bereits eigene hat, die er/sie gerne verwendet und die gut tun, sollte damit weiter arbeiten.

Eine **Übung**, die viele sehr unterstützend finden, ist die **des Baumes**. Dabei kann man sich selbst entweder als Baum vorstellen und erleben, wie man als Baum genährt wird, oder man überlegt sich, was es bedeutet, von der Erde und der Sonne genährt zu werden. Tatsächlich leben ja auch wir von der Erde und der Sonne, nur ist dies nicht so offensichtlich wie bei einem Baum. Diese

Übung kann uns auch mit dem Gedanken vertraut machen, dass von allem genug da ist. In einer Zeit, in der wir immer deutlicher merken, dass wir die Erde und die Luft sowie das Wasser vergiften, könnte es allerdings sein, dass sehr mutlose und hoffnungslose Menschen nicht die Kraft aufbringen sich vorzustellen, dass genug Gutes von der Erde und dem Licht zur Verfügung gestellt wird. Wem trotz dieser Schwierigkeiten die Vorstellung einer die Menschen mit allem nährenden Erde und Sonne möglich ist, kann diese Übung helfen, die Erfahrung zu machen, dass das, was man braucht, auch da ist und dass man sich dafür nicht anstrengen muss, dass es einfach gegeben wird. Diese Übung verdanke ich in etwas anderer Form Phyllis Krystal (a. a. O.).

Ich möchte Sie nun einladen zu der Baumübung. Stellen Sie sich zunächst eine Landschaft vor, in der Sie sich wohl fühlen und wo Sie sich gerne aufhalten. Das kann eine erfundene Landschaft sein, es muss keine real existierende sein. Und stellen Sie sich irgendwo in dieser Landschaft einen Baum vor, zu dem Sie gerne hingehen möchten, der Sie vielleicht sogar anzieht ... Und Sie stellen sich vor, dass Sie zu diesem Baum gehen und Kontakt mit ihm aufnehmen, indem Sie ihn vielleicht berühren oder ihn sich anschauen. Nehmen Sie seinen Stamm wahr, nehmen Sie den Geruch auf. Nehmen Sie dann wahr, wie der Stamm sich verzweigt. Die Blätter. Das alles registrieren Sie zunächst und nehmen Kontakt mit diesem Baum auf ... Und wenn es für Sie möglich ist, dann können Sie sich vorstellen, dass Sie sich an den Baum lehnen und ihn wirklich spüren ... Und wenn Ihnen die Vorstellung angenehm ist, dann können Sie sich vorstellen, dass Sie eins werden mit dem Baum ... Und dann können Sie als Baum erleben, was es heißt, Wurzeln zu haben, die sich in der Erde verzweigen, und von dort Nahrung in sich aufzunehmen. Erleben Sie es, Blätter zu haben, die das Sonnenlicht aufnehmen und umwandeln können. Wenn Sie nicht mit dem Baum verschmelzen wollen, dann betrachten Sie ihn einfach. Beschäftigen Sie sich damit, was es wohl für den Baum bedeutet, Wurzeln zu haben und Blätter, die das Sonnenlicht aufnehmen ... Und dann beschäftigen Sie sich mit der Frage, womit Sie jetzt genährt werden möchten, versorgt werden möchten. Ist das körperliche Nahrung, Gefühlsnahrung, Nahrung für den Geist, Ihr spirituelles Sein? Benennen Sie das so genau, wie es Ihnen mög-

lich ist … Und wenn Sie eins sind mit dem Baum, dann stellen Sie sich vor, dass Sie von der Erde und von der Sonne diese gewünschte Nahrung erhalten. Und wenn Sie nicht mit dem Baum verschmolzen sind, können Sie sich trotzdem vorstellen, was es bedeutet, von der Sonne und von der Erde Nahrung zu bekommen, denn das ist auch bei uns Menschen so. Erlauben Sie sich die Erfahrung, dass diese Nahrung jetzt zu Ihnen kommt, von der Erde und der Sonne … Und spüren Sie dann, wie das, was Sie von der Sonne und der Erde bekommen, sich in Ihnen verbindet … Und dass Sie dadurch wachsen … Und dann lösen Sie sich wieder von Ihrem Baum … Und Sie können sich vornehmen, wenn Sie wollen, dass Sie oft zu Ihrem Baum zurückkehren, um mit seiner Hilfe zu erfahren, dass Sie mit allem, was Sie gerne hätten, genährt werden können. Sie können, wenn Sie möchten, ihm versprechen, dass Sie wiederkommen werden. Verabschieden Sie sich von ihm und bedanken Sie sich bei ihm für seine Unterstützung …
Kommen Sie dann mit der vollen Aufmerksamkeit zurück in den Raum.

Für manche Menschen ist es erst einmal notwendig, dass sie sich erlauben, das, was sie mit sich herumschleppen, abzulegen. Erst dann können sie sich ums Auftanken kümmern. Deshalb will ich auch dazu eine Übung vorstellen. Diese Übung habe ich in etwas anderer Form von Lilly Eberhard gehört und bei meinem Austausch mit Phyllis Klaus bei ihr wieder entdeckt in der hier vorgestellten Form. Da die eine in der Schweiz, die andere in Kalifornien lebt und beide nichts voneinander wissen, scheint mir auch das ein Hinweis zu sein, dass bestimmtes heilsames Wissen uns Menschen möglicherweise über das kollektive Unbewusste zur Verfügung steht. Wir nennen diese Übung:

Gepäck ablegen

Stellen Sie sich vor, dass Sie auf einer langen Wanderschaft sind und mit viel Gepäck beladen … Auf dieser langen Wanderschaft gelangen Sie zu einem Hochplateau, also zu einer Gegend, die flach, aber bereits in der Höhe ist. Und weil Sie jetzt einen Weg vor sich haben, der eben ist, wo Sie nicht mehr ansteigen müssen, können Sie ein wenig verschnaufen … Und in der Ferne sehen Sie etwas Helles, wie ein Licht. Sie fühlen sich davon angezogen und gehen dorthin … Und Sie gelangen zu einem Platz, der in ein warmes, helles Licht getaucht ist. Dort entdecken Sie vielleicht ein Gebäude, das einem Tempel ähnelt, vielleicht Bäume oder eine Grotte, was auch immer Ihnen zusagt … Und Sie spüren, dass Sie jetzt verweilen und Ihr ***Gepäck ablegen*** *möchten. Und Sie legen Ihr Gepäck an den Rand des hellen Platzes … Sie halten Ausschau nach einer Möglichkeit, sich hinzusetzen, sich auszuruhen. Und Sie finden auch etwas Passendes. Sie lassen dieses helle Licht auf sich wirken und spüren, wie Ihnen ganz warm wird und Sie sich wohl fühlen, sich leicht fühlen … Auf einmal bemerken Sie, dass ein freundliches, helles Wesen auf Sie zukommt, Sie freundlich anlächelt und Ihnen ein Geschenk gibt … Und Sie werden mit etwas beschenkt, das Sie für Ihr Problem, das Sie im Moment haben, brauchen können, das Ihnen Hilfe gibt … Vielleicht ist es ein symbolisches Geschenk, das Sie im Moment noch gar nicht verstehen … Wenn Sie möchten, bedanken Sie sich … Und so nach und nach beschließen Sie, dass Sie wieder zu Ihrem Gepäck gehen möchten, Sie diesen Platz verlassen möchten. Sie können jederzeit zu diesem Ort zurückkehren. Gehen Sie dann zu Ihrem Gepäck und überlegen Sie sich, was Sie von Ihrem Gepäck jetzt auf Ihrem weiteren Weg noch mitnehmen möchten, was Sie noch brauchen. Vielleicht gibt es Dinge, die Sie nicht mehr brauchen. Aber vielleicht möchten Sie auch alles wieder so aufnehmen … Und dann setzen Sie mit dem Gepäck, das Sie jetzt noch brauchen, Ihre Wanderung fort … Kehren Sie dann mit der Aufmerksamkeit zurück in den Raum …*

Wenn man diese Übung macht, merkt man oft, dass man sein Gepäck zwar als Last empfindet und sich dennoch – noch – nicht davon befreien kann. Aber immerhin kann man sich schon mal ab und an eine Pause gönnen.

In diesen Zusammenhang passt auch die **Tresorübung**. Bei ihr geht es darum, etwas, was einen belastet, erst einmal wegzupacken. Da man aber weiß, dass man es doch noch einmal betrachten will, gibt man es in den Tresor. Dort ist es sicher aufbewahrt und kann so lange dort bleiben, bis man sich damit beschäftigen kann und will. Man stellt sich also einen Tresor vor, und dort kann man dann Bilder, innere Filme, alles Unangenehme, mit dem man im Moment nicht fertig wird, erst einmal deponieren. Später,

z. B. in der Traumakonfrontationsphase, wird es wieder herausgeholt, wenn es notwendig ist. Manchmal gelingt es nicht auf Dauer, die Dinge in den Tresor zu packen, dann muss man es wiederholen. Es ist immerhin schon ein Gewinn, die Erfahrung zu machen, dass es für eine Weile geht. Patienten sollten daher ermutigt werden, nicht aufzugeben, sondern diese Übung immer wieder zu machen. Sie machen dadurch auch die Erfahrung, dass sie *jetzt* etwas tun können. Manche unserer Patientinnen und Patienten sagen, dass ein Tresor nicht reicht. Natürlich kann man sich so viele Tresore vorstellen, wie man braucht.

Wenn die Gegenwart schwierig und belastend ist, kann es sehr hilfreich sein, sich zu überlegen, wie man sich die Zukunft vorstellen möchte. Eine Art, dies zu tun, ist, sich dafür ein Symbol zu suchen und mit Hilfe dieses Symbols die Zukunft zu gestalten. Die **Übung des inneren Gartens** hat sich in unserer Arbeit dafür bewährt. Diese Übung hat auch den Vorteil, dass sie gleich eine Lösung anbietet, was man mit Dingen, die man nicht haben will, tun kann. Das heißt, in gewisser Weise bietet sie auch eine Alternative zur Tresor-Übung, wenn diese nicht ganz befriedigt. Die Lösung, die sich hier zeigt, besteht nämlich darin, alles aus dem Garten, was man nicht mehr braucht, auf den Kompost zu geben, damit daraus neuer nützlicher Boden wird. Eine schöne Idee, wie ich finde. Liz Lorenz-Wallacher bietet ihren Patientinnen eine ähnliche Version an. Hier die Übung:

Stellen Sie sich jetzt ein Stück »jungfräuliche« Erde, ein Stück Land, auf dem noch nichts wächst, vor. Es kann so klein sein wie ein Fingerhut oder so groß wie eine Parklandschaft, wie es Ihnen gerade stimmig erscheint … Und bepflanzen Sie dann Ihr Land … Und dann können Sie diesen Garten nach Ihren Wünschen gestalten. Das, was Sie sich wünschen, wird sofort Wirklichkeit, weil Sie mit Ihrer Vorstellungskraft zaubern können … Und wenn Sie später merken, dass Sie es anders haben wollen, dann haben Sie einen Kompost, den Sie in einer Ecke des Gartens anlegen. Dort können Sie alles hinbringen, was Sie nicht mehr haben wollen, sodass es sich in nützliche Erde verwandeln kann. Und Sie können so jederzeit wieder Veränderungen anbringen … Wenn Sie möchten, können Sie auch ein Gewässer in Ihrem Garten anlegen, einen Teich, einen Brunnen oder einen Bach. Wenn Sie möchten, können Sie

auch einen Sitzplatz anlegen ... Vielleicht möchten Sie Tiere in Ihrem Garten haben ... Und wenn Sie den Garten dann so gestaltet haben, wie Sie ihn gerne hätten, dann können Sie sich irgendwo niederlassen und sich an Ihrem Garten erfreuen ... Sie können überlegen, ob Sie jemanden in Ihren Garten einladen möchten ... Sie können jederzeit in Ihren Garten zurückkehren. Sie können ihn jederzeit verändern, wenn Ihnen danach ist ...
Kommen Sie dann mit der vollen Aufmerksamkeit zurück in den Raum.

Manche meinen, der Garten sei praktisch der sichere Ort, und das kann auch so sein. Aber für andere besteht durchaus ein Unterschied. Jeder sollte herausfinden, was passender erscheint, denn es geht allein darum, ob und wie man sich mit diesen Übungen wohl fühlt und dass man sie so verwendet, dass man möglichst viel davon hat.
Nun möchte ich noch eine Übung vorstellen, die manche heiß lieben und manche sehr schwierig finden, die also sehr starke widersprüchliche Reaktionen auslöst. Und zwar ist das **die Glücksübung**. Diese Übung stammt von Klaus Grochowiak (1996). Sie können sie ausführlich in seinem Buch »Vom Glück und anderen Sorgen. Wie man lernen kann, mehr Glück zu ertragen als man denkt« nachlesen. Grochowiak macht mit dem Titel deutlich, dass es nicht so leicht ist mit dem Glück. Viele denken z. B., Glück sei abhängig davon, dass man glücklich gemacht wird, und wenn die Umstände nicht danach seien, dann könne man auch nicht glücklich sein. Man kann natürlich dieser Überzeugung sein. Die Frage ist, ob sie einem gut tut. Dies ist übrigens eine Frage, die ich meinen Patienten häufig stelle. »Tut Ihnen das gut?«
Letzten Endes kann man alles denken, was man will, jedoch machen manche Gedanken fröhlicher als andere. In der kognitiven Verhaltenstherapie wird von negativen und positiven Kognitionen gesprochen und wie sinnvoll es ist, die Kognitionen zu untersuchen und ggf. zu verändern. Wer denkt, er hätte keinen Einfluss auf sein Glück, dem wird es anders gehen als dem, der die Überzeugung hegt, er sei seines Glückes Schmied. Glück, so sagt Grochowiak und so sagt es der Buddhismus, ist eine Frage unserer Glücksfähigkeit. Diese Glücksfähigkeit steht uns zur Verfügung und wir können sie nutzen. Wir können beschließen, uns darauf

zu konzentrieren, statt darauf zu warten, dass uns irgendwelche äußeren Umstände glücklich machen. Hier zunächst die Übung:

Ich bitte Sie, sich an eine Situation zu erinnern, in der Sie sich glücklich gefühlt haben. Rufen Sie sich so viele Details ins Gedächtnis, wie Sie benötigen, um dieses Empfinden wieder spüren zu können, dieses Glücksempfinden wieder spüren zu können. Vielleicht spüren Sie es nicht so intensiv wie damals, aber Sie können doch den Geschmack wieder spüren ... Und dann können Sie, wenn Sie wollen und wenn Ihnen das angenehm ist, ausprobieren, ob es möglich ist, das Glücksgefühl in die Zeit vor dem Glücksmoment und in die Zeit nach dem Glücksmoment auszudehnen ... Sie sind jetzt Ihrem persönlichen Glück, aber vor allem Ihrer Glücksfähigkeit, begegnet ... Nun gehen wir zum dritten Teil dieser Übung über. Stellen Sie sich Ihr ganzes Leben, beginnend mit der Zeugung oder der Empfängnis, als eine Linie vor, die sich irgendwo in der Zukunft verliert. Und schauen Sie nach leuchtenden Punkten des Glückes auf dieser Linie; vielleicht sind es wenige, vielleicht sind es mehrere Punkte; eine kürzere oder eine längere Linie, auf der es mehr oder weniger Glückspunkte gibt ... Und dann stellen Sie sich vor, dass Sie über dieser Linie schweben mit Ihrem Glücksempfinden, das Sie jetzt zu dieser Linie schicken, sodass dort mehr leuchtende Punkte erscheinen. Und dieses stärker und immer stärker werdende Leuchten auf dieser Zeitlinie kommt wieder zurück zu Ihnen und vergrößert das Glücksempfinden in Ihnen. Und so sind Sie in einem Austausch mit den Glückspunkten und Ihrem inneren Glücksempfinden, sodass das immer mehr wachsen kann, so viel wie Sie möchten. Und denken Sie daran, dass es nicht darum geht, wie es in Ihrem bisherigen Leben gewesen ist, das können Sie rückwirkend nicht ändern, sondern es geht um das Bild in Ihnen, und das können Sie verändern. Vor allem können Sie viele dieser leuchtenden Punkte in die Zukunft bringen, denn die Zukunft erschaffen Sie von jetzt an. Vielleicht möchten Sie auch spüren, dass es Sie glücklich macht, dass Sie die Zukunft von jetzt an erschaffen können ... Es ist Ihr persönliches Glück und Ihre Fähigkeit, Glück zu empfinden, das Sie mit einer Farbe, der Farbe des Glückes verbinden können. Und Sie können sich jetzt vornehmen, dass Sie nachher einen Gegenstand in der Farbe des Glückes für sich finden, der Sie an diese Übung und Ihre

Glücksfähigkeit erinnern wird. Und Sie können sich vornehmen, dass Sie oft an diese Glücksfähigkeit denken werden …
Kommen Sie dann mit der vollen Aufmerksamkeit zurück in den Raum.

Das Schwierigste an dieser Übung scheint für viele das verlorene Glück zu sein. Dann macht die Übung traurig. Es ist wichtig, dann zunächst die Trauer anzunehmen. Erst danach können Menschen vielleicht wieder darüber nachdenken, dass ihnen ihre Glücksfähigkeit niemand wegnehmen kann. Wer gerade erst einen Verlust erlitten hat, für den könnte diese Übung allerdings nicht geeignet sein, vielleicht ist die Baumübung und die Vorstellung, dass man von Erde und Sonne mit Trost genährt wird, dann erst einmal hilfreicher. Oder man verbindet sich mit den Helfern, die bei einem sind und in der Trauer begleiten.
Hilfreich könnte auch die folgende Übung sein, bei der es darum geht, **mit sich selbst Frieden** zu **schließen**. Wie oft sind Menschen im Krieg mit sich selbst. Wir können uns nicht leiden, wir lehnen uns ab. Ich empfehle, für ein paar Tage eine Strichliste zu führen. Links macht man einen Strich, wenn man sich etwas Nettes sagt, wenn man sich selbst anerkennt, rechts, wenn man an sich selbst herumnörgelt, sich selbst abwertet. Ich wünsche meinen Patientinnen jedes Mal, dass sie auf der linken Seite mehr Striche haben, aber leider sieht es bei den meisten Menschen anders aus. Da kann die folgende Übung das Bewusstsein nach und nach verändern:

Erinnern Sie sich an eine Situation in Ihrem Leben, in der Sie sich ganz in Frieden mit sich selbst gefühlt haben, also in Einklang mit sich selbst. Erinnern Sie sich an so viele Einzelheiten, wie Sie brauchen, um diese Empfindung noch mal spüren zu können … Und jetzt denken Sie an eine Situation aus den letzten Tagen, wenn es die gegeben hat, sonst weiter zurückliegend, wo Sie sich uneins mit sich, in Unfrieden mit sich selbst, gefühlt haben. Und wieder erinnern Sie sich der Einzelheiten, die sie benötigen, damit Sie auch das spüren können … Und jetzt stellen Sie sich vor, dass dieser Teil, der in Frieden mit sich sein kann, zu dem anderen, der in Unfrieden mit sich ist, hingeht und mit ihm einen freundlichen, liebevollen, akzeptierenden Kontakt aufnimmt. Durch Worte oder Berührungen oder durch beides, so wie es für Sie stimmig erscheint … Es sollte auf jeden Fall etwas Unterstützendes, Liebevolles sein …

Und jetzt stellen Sie sich vor, dass Sie diese beiden Ichs in Ihr Herz hineinnehmen. Denn genau genommen sind Sie das alles. Das Ich von heute umschließt beide Zustände. Und dann können Sie sich vorstellen, dass Sie eingehüllt sind oder umschlossen sind von einem Licht, das für Sie Frieden bedeutet … Für viele Menschen ist blau, himmelblau, wie ein Sommerhimmel in Italien, eine Farbe, die Frieden gibt. Und wenn das für Sie so ist, dann können Sie sich vorstellen, dass Sie in diesem Licht sitzen oder dass das Licht durch Sie hindurchfließt. Aber wenn Sie eine andere Farbe als stimmig ansehen, nehmen Sie Ihre eigene Farbe …
Kehren Sie dann mit der Aufmerksamkeit zurück in den Raum.

Diese Übung ist mir eingefallen, nachdem ich das Tonglen aus dem tibetischen Buddhismus kennen gelernt habe. Dort geht es darum, sich vorzustellen, dass man etwas Negatives von einem anderen ins Herz hineinnimmt, dort verwandelt und Licht zurückgibt. In dem sehr anrührenden Buch von Ken Wilber (1991) »Mut und Gnade« beschreibt er, dass diese Übung für seine krebskranke Frau in ihrem Sterbeprozess besonders wichtig war. Mir schien es allerdings wichtiger, dass Menschen erst einmal damit anfangen, mit sich selbst liebevoller zu werden, bevor sie Übungen machen, die sich auf andere beziehen. Da wir in guten Tagen die Tendenz haben, die Teile von uns, die wir ablehnen, zu ignorieren, ist es fast so, als würden wir etwas für einen anderen tun.

So möchte ich Sie jetzt einladen zu einer **Mitgefühlsübung**:
Stellen Sie sich zunächst in Ihrem Herzen ein Licht vor, das es wärmt und hell macht … Und Sie lassen dieses Licht in jeden Winkel Ihres Herzens kommen, damit das ganze Herz hell und warm wird … Und dann stellen Sie sich vor, dass diese Wärme und Helligkeit aus dem Herzen sich im ganzen Brustraum ausdehnt und sich von dort weiter ausbreitet in den ganzen Körper, sodass der Körper erfüllt ist von der Wärme und Helligkeit des Herzens … Und jetzt lassen Sie dieses Licht aus Ihrem Herzen durch die Fußsohlen austreten, sodass sich nach und nach ein Lichtkreis um Sie herum bildet … Und Sie stellen sich auch vor, dass das Licht in Ihrem Herzen unerschöpflich ist, dass es immer Helligkeit und Wärme gibt … Und nun laden Sie die Person, die Sie vor 10 Jahren waren – wenn Sie noch recht jung sind, die Person, die Sie vor 1 oder 2 Jahren waren – in diesen Lichtkreis ein und geben ihr dann

die Wärme und Helligkeit aus Ihrem Herzen, sodass dieses frühere Ich warm und hell wird … Als nächstes laden Sie den Teenager, der Sie waren, in den Lichtkreis ein und geben ihm das Licht aus Ihrem Herzen, sodass er sich warm und hell fühlen kann … Und dann laden Sie das kleine Kind, das Sie zwischen ein und vier Jahren waren, in den Lichtkreis ein. Und wieder geben Sie ihm die Wärme und das Licht aus Ihrem Herzen … Und dann stellen Sie sich die Person vor, die Sie im Alter sein werden, und laden auch sie in den Lichtkreis ein und geben ihr die Wärme und das Licht aus Ihrem Herzen … Und zum Schluss wählen Sie ein Ich aus, das Ihnen besonders bedürftig erscheint, egal in welchem Alter, vielleicht die Person, die Sie gestern waren, vielleicht die Person, die Sie morgen sein werden, die mit besonders viel fertig werden muss, vielleicht das Kind, das Sie waren. Wählen Sie irgendein Ich, einen Zustand aus, bei dem Sie denken, da war ich wirklich bedürftig oder da werde ich sehr bedürftig sein, und geben Sie diesem anderen Ich die Wärme und das Leuchten aus Ihrem Herzen, das jetzt in Ihnen ist. Hüllen Sie dieses andere Ich ein in Wärme und Licht … Und dann bekräftigen Sie für sich: Ich bin voll Wärme und Mitgefühl für mich selbst und ich vertraue darauf, dass mir diese Fähigkeit immer zur Verfügung steht, wenn ich will …
Kommen Sie dann mit der vollen Aufmerksamkeit zurück in den Raum.

Von dieser Mitgefühlsübung gibt es zahllose Variationen. Ich möchte noch eine vorstellen, bei der es darum geht, in der Vorstellung sich selbst Dinge zu geben, die man in bestimmten Lebensaltern gebraucht hätte. Viele Menschen denken, dass man das, was geschehen ist, nicht ändern kann, und das ist natürlich auf der Ebene der äußeren Wirklichkeit auch richtig so. Das, was uns heute plagt, ist aber nicht das, was geschehen ist, sondern die Bilder davon in unserem Kopf, und diese Bilder können wir verändern. Wenn traumatisierte Patientinnen allerdings das Gefühl haben, dass sie sich damit selbst verraten, dann sollten sie solche Übungen lieber nicht machen, sondern erst einmal sich selbst die Treue halten. Wir werden später noch genauer darüber sprechen. Diese Übung stammt von Joan Borysenko (1993) aus ihrem Buch »Feuer in der Seele«, das für mich eines der inspirierendsten Bücher war.

Stellen Sie sich vor, dass Sie durch den Scheitel Licht einatme und dass das Licht durch den Körper strömt und den Körper durch die Fußsohlen wieder verlässt, sodass sich nach und nach ein Kreis aus Licht um Sie herum bildet ... Und wenn sich um Sie herum ein genügend großer Lichtkreis gebildet hat, dann laden Sie nach und nach jüngere Ichs von sich selbst in den Kreis ein. Beginnen Sie damit, die Person, die Sie im Alter zwischen 18 und 20 Jahren waren, einzuladen, in den Kreis zu treten. Und wenn sie da ist, dann begrüßen Sie sie mit Achtung und, wenn möglich, mit Liebe ... Sagen Sie diesem jüngeren Ich alles, was Sie damals, als Sie in diesem Alter waren, gerne gehört hätten über das Erwachsenwerden ... Alle die Dinge, die Ihnen damals geholfen hätten, die sagen Sie sich jetzt. Die Dinge, die es Ihnen leichter gemacht hätten, erwachsen zu werden, die Ihnen gut getan hätten ... Und als Nächstes laden Sie das Mädchen oder den Jungen ein, der bzw. die Sie mit zwölf oder dreizehn Jahren waren. Und bitten Sie ihn bzw. sie in den Kreis und begrüßen Sie ihn oder sie mit Respekt und, wenn möglich, mit Liebe. Und Sie erzählen diesem Mädchen oder Jungen alles, was Sie damals gerne über das Frauwerden bzw. Mannwerden gehört hätten, alles, das es Ihnen leichter gemacht hätte auf dem Weg zur Frau bzw. zum Mann, was Ihnen gut getan hätte ... Und als Nächstes laden Sie das sechs- bis siebenjährige Kind in den Kreis ein. Und wieder begrüßen Sie es mit Achtung und, wenn möglich, mit Liebe ... Sagen Sie ihm, dass Sie sich an seiner Fähigkeit, Intuition und Verstand zusammenzubringen, freuen ... Und dann stellen Sie sich vor, dass das Neugeborene, das Sie einmal waren, von einer Lichtgestalt in den Kreis gebracht wird. Und Sie begrüßen dieses Neugeborene mit großer Achtung und, wenn möglich, mit Liebe. Danken Sie ihm für das, was es auf sich genommen hat, um auf die Welt zu kommen ... Und dann stellen Sie sich vor, dass Sie alle diese anderen Ichs in Ihr Herz hineinnehmen, sie dort willkommen heißen ... Und dann möchte ich Ihnen noch vier Sätze vorschlagen, über die Sie einige Augenblicke nachdenken können: Ich vertraue darauf, dass ich zum Frieden fähig bin ... Ich vertraue darauf, dass ich die Schönheit meines wahren Wesens erkennen kann ... Ich vertraue darauf, dass mein Herz offen sein kann, wenn ich möchte, dass mein Herz sich öffnet ... Ich vertraue darauf, dass Heilung für mich gegeben ist ...

Diese Übung ist Teil einer größeren Übung, bei der es anschließend darum geht, auch andere Menschen in gleicher Weise anzunehmen, erst die nahen und dann auch noch die fernen. Das sollten Patienten erst tun, wenn sie sich selbst ein wenig besser annehmen können. Nach meiner Erfahrung lenken sich viele Menschen allzu leicht davon ab, sich selbst zu mögen, indem sie sich um andere kümmern, auf Dauer ist das keine optimale Lösung. So erkläre ich meinen Patientinnen: »Wer sich selbst annimmt, kann andere auch annehmen. Wer sich selbst nicht mag, wird früher oder später auch beim Mögen anderer Schwierigkeiten haben.«
In jeder Psychotherapie ist es unabdingbar, sich einmal **über die eigenen Ziele klar** zu werden. Denn nur, wenn man in etwa weiß, was man erreichen will, wird man es auch erhalten. Ich vergleiche die Psychotherapie gerne mit dem Einkaufen, was manche vielleicht etwas zu einfach finden werden. In jedem Fall wird es einleuchten, dass man, wenn man nicht weiß, was man beim Einkaufen haben will, möglicherweise gar nichts oder das Falsche bekommen wird. Wenn der Vergleich vielleicht auch nicht ganz passt, so mag er doch eine Idee davon geben, worum es geht.

Als erstes schlage ich Ihnen vor, dass Sie sich bewusst machen, welche Ziele Sie mit etwa 18 Jahren für Ihr Leben hatten ... Und schauen Sie dann, welches Ziel oder welches dieser Ziele Sie verwirklicht haben oder auf welches Ziel Sie sich zumindest zubewegen. Und was hat Ihnen geholfen, hilft Ihnen, diese Ziele zu verwirklichen? Was, wer, was innen in Ihnen, was außerhalb von Ihnen unterstützt Sie dabei, Ihre Ziele zu erreichen? ... Und nun schauen Sie, welche Ziele Sie heute haben ... Und was und wer Sie bei der Verwirklichung Ihrer Ziele unterstützen kann ... Und jetzt stellen Sie sich vor, heute ist Ihr letzter Tag in Ihrer Psychotherapie. Mit welchen Vorstellungen, Gedanken, Wünschen, Gefühlen wollen Sie das letzte Mal hinausgehen? Als was für ein Mensch wollen Sie hinausgehen? Was kann Sie dabei unterstützen, dass Sie so weggehen, dass Sie zuversichtlich gehen ... Und dann stellen Sie sich den Weg bis nach Hause vor. Und wie werden Sie diesen Weg gestalten, dass er Sie unterstützt? ... Und dann stellen Sie sich vor, wie Sie zu Hause ankommen, wie Sie an der Tür sind, wie Sie sie aufmachen oder sie Ihnen aufgemacht wird.

Was wird dann sein und wie werden Sie sich dann verhalten wollen? Was werden Ihre kleinen Ziele sein bei diesem Nach-Hause-Kommen? ... Und was oder wer wird Sie unterstützen? ... Und finden Sie jetzt einen Satz oder ein Symbol, das Sie begleiten und Sie unterstützen kann. Und nehmen Sie sich vor, dass Sie diesen Satz aufschreiben werden oder dass Sie sich darum kümmern werden, dass Sie dieses Symbol auch als symbolischen Gegenstand irgendwo in Ihre Wohnung oder in Ihr Büro legen werden, sodass Sie immer wieder erinnert werden an Ihr Ziel, an das, was Sie erreichen wollen ... Lassen Sie jetzt noch die Übung für einen Augenblick auf sich wirken, indem Sie sich das, was für Sie an der Übung besonders wichtig war, bewusst machen ...
Kommen Sie dann mit der vollen Aufmerksamkeit zurück in den Raum.

Mit diesen Übungen will ich es an dieser Stelle bewenden lassen. Es dürften genug sein, dass Sie die eine oder andere finden können, mit der Sie gut arbeiten können. Es gibt natürlich noch sehr viel mehr dieser Übungen. Vielleicht vermissen Sie Übungen, bei denen man sich kämpferisch und besonders kraftvoll gibt. Man kann jederzeit mit der Patientin gemeinsam Übungen kreieren, die passgenau auf ihre Bedürfnisse abgestimmt sind. Im dritten Teil des Buches werde ich Ihnen noch einige vorstellen. In zahlreichen Büchern über Entspannung werden Sie weitere finden. Patientinnen und Patienten rate ich: »Machen Sie nichts, weil andere es gut finden. Finden Sie selbst heraus, was Ihnen gefällt. Das, was Ihnen Freude macht, was Sie kraftvoller macht und Sie inspiriert, werden Sie wahrscheinlich gerne üben. Wenn man traumatisiert wurde, hat man Grund genug, sich im Jetzt fürs Wohlfühlen zu entscheiden, und das heißt, Sie brauchen sich nicht anzustrengen oder Sachen zu tun, weil ›man‹ sie tun sollte oder weil sie angeblich gut tun. Vertrauen Sie Ihrer inneren Weisheit. Es gibt nichts, was für alle Menschen gleichermaßen geeignet ist, aber jeder kann etwas finden, was gut tut.« Ein Buch, das ich hilfreich finde, weil es ebenfalls viele Möglichkeiten aufzeigt, ist »Zur Ruhe kommen« von Paul Wilson (1998). Auch dort findet man viele verschiedene Wege zur inneren Ruhe und zum Auftanken.

1.7 Sich von den Schreckensbildern distanzieren lernen

Bisher habe ich Möglichkeiten gezeigt, wie man durch die Konzentration auf Bilder, die einem wohl tun, sich selbst trösten und unterstützen kann. Manchmal merkt man, dass das nicht geht, dass es »nicht dran« ist, wie viele sagen. Alles hat seine Zeit. Diese alte Weisheit aus der Bibel gilt auch für die Arbeit mit sich selbst und in einer Therapie. Manchmal geht es nicht mit Gegenbildern. Eine andere Möglichkeit, die jeder Mensch ohnehin ab und an praktiziert, ist, sich von etwas zu distanzieren. Wenn man mit der Nase vor einem Bild steht, sieht man nicht viel davon, wenn man größeren Abstand nimmt, sieht man das ganze Bild. Das ganze Bild sehen bedeutet, dass wir viel mehr wahrnehmen und dadurch auch relativieren können. Ich möchte daher auf einige Möglichkeiten des sich Distanzierens kommen.

Eine Möglichkeit habe ich bereits mit der Beobachter-Übung vorgestellt. Vielleicht hat sie einigen Leserinnen und Lesern ganz gut gefallen und sie haben sie ab und zu angewendet. Wenn nicht, möchte ich Sie einladen, diese Übung nun zu erforschen. Sie machen sich klar, dass Sie Ihren Körper, Ihre Gedanken, Ihre Gefühle und Ihre Stimmungen beobachten können. Das haben Sie ohnehin schon oft getan, Sie haben es vielleicht nur nicht so genannt. Jedesmal, wenn Sie bemerken, was Sie denken oder fühlen oder was mit Ihrem Körper ist, müssen Sie das vorher beobachten. Die Tatsache, dass wir etwas beobachten können, sagt uns auch, dass wir mehr sind als das, was wir beobachten. Und dies ist die hilfreiche Erkenntnis, da wir, wenn wir in unsere Gedanken und Gefühle oder Schmerzen sehr verstrickt sind, dies oft verbinden mit der Vorstellung oder mit dem Empfinden, »ich bin nur …«. Es ist, als wären wir ganz identifiziert mit dem, was da grade ist. Wenn wir ruhiger sind, wissen wir natürlich, dass wir viel mehr sind als ein Gefühl oder ein Gedanke. Aber wenn wir aufgeregt sind, ist es, als hätten wir das vergessen. Da kann nun die Übung, wenn man sie regelmäßig macht, helfen. Es fällt uns nämlich dann in Situationen der Aufregung leichter ein, dass wir mehr sind als unser momentanes Gefühl. Außerdem sehen wir das Problem aus einer anderen Perspektive, wir blicken von weitem auf das Gefühl, den Gedanken und können bemerken, dass er Teil eines größeren Bildes ist. Diese Art des Umgehens mit sich selbst wirkt für viele Menschen sehr beruhigend, zumindest aber bremst uns die Beobachterposition, uns immer mehr aufzuregen, wir können dadurch entdramatisieren. Wie wirksam diese Übung ist, lässt sich am besten durch Ausprobieren erfahren.

Wenn Patienten mit belastenden Erinnerungen ringen, diese nicht in den Tresor packen können oder wollen, können sie ausprobieren, sich die Erinnerung mit Hilfe ihres Beobachters anzuschauen. Vielleicht geht es danach, sie in den Tresor zu packen.

Wenn Patienten darüber sprechen wollen, können sie probieren, darüber in der dritten Person zu sprechen, also nicht von »ich«, sondern von »dem Kind« oder »sie« etc. Philip Reemtsma (1997) hat so über sich in seinem Buch »Im Keller« gesprochen, wenn er die traumatischen Erlebnisse seiner Entführung beschrieben hat. Auch dies ist eine Form, sich zu distanzieren und die Geschehnisse von außen zu betrachten.

Sie können auch versuchen sich vorzustellen, sie sähen ihre Geschichte auf einem Bildschirm und sie hätten eine Fernbedienung, mit der sie an- und abschalten können.

Alle diese distanzierenden Techniken kann man natürlich zunächst mit angenehmen Bildern und Gefühlen ausprobieren, damit man damit vertraut wird, und erst später verwendet man sie dann auch für Belastendes.

Manchmal hilft es auch, sich zu fragen, wie werde ich über diese Sache in … Jahren denken, z. B., wenn ich ganz alt bin und meinen Enkeln davon erzähle.

Die genannten Techniken eignen sich in der Zeit, wo es um mehr Stabilität geht, vor allem dazu, mehr Kontrolle über Schmerzen und belastende Gefühle zu bekommen. Viele Menschen, die unter Traumafolgen zu leiden haben, verlieren in Situationen, die sie irgendwie an das Trauma erinnern – das kann unbewusst geschehen –, die Kontrolle über ihre Gefühle. Sie bekommen große Angst und Panik, sie werden schrecklich wütend, sie fühlen sich unerträglich hilflos und ohnmächtig. Es ist sehr unangenehm, sich selbst gegenüber hilflos zu sein. Wenn eine der Distanzierungsübungen angewendet wird, wird man bemerken, dass man etwas Kontrolle wiedergewinnt, und das kann erleichternd sein.

Hier eine Fallvignette:

> Frau C. kommt zur Behandlung in unser Krisenprogramm. Sie leidet seit einigen Wochen unter panikartigen Ängsten und traut sich kaum mehr aus dem Haus. Beim ersten Kontakt erzählt sie ausführlich, was ihr alles Angst macht und was sie sich inzwischen nicht mehr zutraut. Ich spüre bei mir eine zunehmende Mutlosigkeit und frage mich, ob ich das ansprechen soll, entschließe mich dann aber, Frau C. nach den »Ausnahmen« zu fragen. (Dieser Begriff stammt von Steve de Shazer [1985] und bezieht sich auf Situationen, in denen das Problem nicht [vor-]herrscht.)

Th.: Frau C., gibt es auch Situationen, in denen Sie sich besser fühlen, gibt es auch Dinge, die Ihnen Freude machen, die Sie vielleicht sogar als inspirierend erleben?

Pat.: Wieso fragen Sie mich das? Ich bin doch hier, um mit Ihnen über meine Probleme zu reden?

Th.: Sie haben mir jetzt viel von Ihren Problemen erzählt und so viel ich weiß, haben Sie das schon mehrfach getan. Hat Ihnen das geholfen?

Pat.: Nein, bisher nicht, mir geht es eigentlich immer schlechter.

Th.: Es ist so, das, worauf wir uns konzentrieren, ist da. Wenn Sie sich ausschließlich auf Ihre Probleme konzentrieren, dann sieht es so aus, als gäbe es nur Probleme in Ihrem Leben, und dadurch geht es Ihnen dann auch immer schlechter.

Pat.: Ach so, das leuchtet mir ein, das hat mir noch niemand so gesagt. Deshalb haben Sie also gefragt.

Th.: Ja, ich wollte Ihre Aufmerksamkeit auf das lenken, was es in Ihrem Leben auch noch gibt. Ich habe nämlich die Vermutung gehabt, dass diese Konzentration auf Ihre Probleme Sie immer mutloser macht.

Pat.: Ja, das stimmt. Ich werde immer mutloser, weil ich das Gefühl habe, ich kann gar nichts machen.

Th.: Und wenn Sie jetzt noch mal versuchen, meine Frage zu beantworten …?

Pat.: Also es macht mir viel Freude zu lesen, ich habe immer gerne gelesen.

Th.: Haben Sie da besondere Interessen und Vorlieben?

Pat.: Geschichtliches und geschichtliche Romane lese ich gerne.

Th.: Gibt es irgendeine Gestalt, die Ihnen besonderen Eindruck gemacht hat?

Pat.: Elisabeth I. von England, das war eine tolle Frau. Die hat so viel Schlimmes erlebt und doch ihr Leben gemeistert, obwohl sie natürlich auch ein bisschen hart geworden ist. Haben Sie den Film gesehen?

Th.: Ja, ich fand ihn sehr bewegend.

Pat.: Da kann ich richtig drin aufgehen, wenn ich so historische Bücher lese oder Filme sehe.

Th.: Haben Sie dann Panik?

Pat.: Nein, überhaupt nicht.

Th.: Das ist interessant, finden Sie nicht?

Pat.: Ja, jetzt wo Sie's sagen, finde ich es auch erstaunlich.

Th.: Sie verfügen also über die Fähigkeit, von Ihrer Panik Abstand zu nehmen, wenn Sie sich auf etwas anderes konzentrieren.

Pat.: Ja, stimmt, aber ich kann ja nicht den ganzen Tag lesen und Filme anschauen.

Th.: Das stimmt, aber Sie können sich Ihre Fähigkeit, sich zu distanzieren, zu Nutze machen.

Pat.: Wie?

Th.: Wenn Sie sich einen Film anschauen oder ein Buch lesen, gehen Sie quasi weiter weg von Ihrer Angst. Das können Sie bewusst tun, wenn Sie wollen, indem Sie sich vorstellen, Sie würden sich selbst von weitem beobachten.

Pat.: Sie meinen, ich soll mich beobachten, wenn ich Angst habe?

Th.: Ja, das kann man üben, weil man es ohnehin macht, nur meistens nicht merkt. Sie können nur eine Aussage darüber machen, dass Sie Angst haben, weil Sie das auch beobachten können. Diese Fähigkeit können Sie sich zu Nutze machen. Wenn Sie wollen, könnten Sie diesem Teil in sich, der alles beobachten kann, auch eine Gestalt geben.

Pat.: Das ist ja eine lustige Idee. Sie machen hier komische Sachen, so habe ich noch nie mit jemandem geredet.

Th.: Ist es Ihnen unangenehm?

Pat.: Nein, eigentlich eher angenehm, weil es sich leichter anfühlt, aber es ist auch fremd. Warum machen Sie das so?

Th.: Wir denken, dass man Probleme am besten löst, wenn es einem so gut wie möglich geht. Das ist ja auch im Alltag so. Je besser man drauf ist, desto leichter löst man Probleme. Das haben Sie vielleicht selbst schon erlebt.

Pat.: Klar.

Th.: Wenn Sie sich auf das konzentrieren, was Ihnen Freude macht, was Ihnen innere Stärke gibt, dann können Sie Ihre Probleme leichter lösen. So kann man z. B. auch dadurch, dass man Abstand nimmt, ein Problem leichter lösen, weil es einen nicht so bedrängt. Und da kann dieser innere Beobachter oder die Fähigkeit zu beobachten eine Möglichkeit sein. Es gibt aber auch noch andere. Z. B. geht mir gerade durch den Kopf, was Sie denken, was Elisabeth gemacht hätte, wenn sie Panik gehabt hätte. Nehmen wir mal für einen Moment an, Sie wären Elisabeth.

Pat.: Wenn ich Elisabeth wäre, meinen Sie, was ich dann machen würde mit meiner Panik?

Th.: Ja

Pat.: Ich hätte keine.

Th.: Wieso?

Pat.: Weil ich wüsste, dass ich immer irgendwas machen kann, ich hätte ja Macht.

Th.: Und angenommen, Sie tun so, als ob Sie Macht hätten? Was würde dann sein?

Pat.: Ich habe aber keine.

Th.: Nur mal angenommen, Sie hätten welche.

Pat.: Dann würde ich auf den Putz hauen.

Th.: Wie, wenn Sie Elisabeth wären?

Pat.: Ich würde meinen Dienern den Befehl geben, die Leute, die mir das Leben schwer machen, von mir fern zu halten. Schließlich kann niemand direkt zu einer Königin.

Th.: Jetzt hört es sich für mich so an, als würden Sie richtig fühlen, wie es einer Königin geht, wenn sie ihre Macht spürt.

Pat.: Ja, das spüre ich gut und das ist toll. Aber ich bin ja keine.

Th.: Nein, Sie sind keine. Haben Sie sich als Kind gerne verkleidet und sind Sie gerne in andere Rollen geschlüpft?

Pat.: Ja, sehr gerne, das mach ich sogar immer noch, ich spiele in einer Laienspielgruppe.

Th.: Jetzt auch?

Pat.: Ja, da geh ich hin, weil es mir so viel Freude macht.

Th.: Jetzt haben Sie gerade was ganz Wichtiges gesagt. Sie gehen da hin, weil es Ihnen Freude macht. Das heißt, Freude scheint eine wichtige Kraftquelle zu sein und scheint Sie zu befähigen, etwas zu tun.

Pat.: Ja, das stimmt. Das konnte ich die ganze Zeit. Ich wollte mir das einfach nicht nehmen lassen.

Th.: Jetzt haben Sie zwei sehr wichtige Sachen entdeckt, erstens, dass Sie sich gut in eine andere Rolle versetzen können und dass Ihnen aus dieser anderen Rolle heraus auch andere Ideen kommen, und das zweite ist, dass, wenn Ihnen etwas Freude macht, Ihnen das gegen Ihre Angst hilft. Angenommen, Sie würden sich ganz oft mit dieser Freude am Spiel verbinden, wäre das eine Möglichkeit, weniger Angst zu haben? Und wenn Sie dann noch so tun würden, als ob die Energie von Elisabeth in Ihnen sei, würde das etwas verändern?

Pat.: Klingt irgendwie einleuchtend. Sie haben mir ziemlich viele Sachen gesagt, da muss ich jetzt erst mal drüber nachdenken.

Th.: Das finde ich eine ausgezeichnete Idee. Wenn Sie wollen, könnten Sie noch einen Schritt weiter gehen und nicht nur nachdenken, sondern es auch ausprobieren. Was halten Sie davon?

Pat.: Ja, logisch, ich probier's aus.

Th.: Jetzt kommen Sie mir so kraftvoll vor wie Elisabeth.

Pat.: Stimmt, die nehm ich mit.

Dieses Beispiel zeigt, dass man nicht immer geradewegs zu einer Lösung findet, dass aber das Hören mit dem lösungsorientierten Ohr hilft, eine zu finden. In andere Rollen zu schlüpfen ist etwas, was viele als Kinder gerne getan haben, später kann diese Fähigkeit in Vergessenheit geraten. Im Fall dieser Patientin war es aber eine mächtige Ressource geblieben, die sich jetzt nutzen ließ. Durch die Hinwendung auf ihre Ressourcen ging es der Patientin im Laufe des Gesprächs rasch besser. Beim nächsten Mal berichtete sie, dass sie jedesmal, wenn sie aufkeimende Angst spürte, sich vorstellte, sie sei Elisabeth, und dann habe sie sich sofort stärker gefühlt und sei anders aufgetreten. So wurde Elisabeth eine mächtige Verbündete in der Therapie. Dieses Beispiel macht deutlich, dass es nicht darum geht, immer nur sanfte, »nette« Gestalten zu finden. Besonders für Frauen ist es wichtig, kraftvolle und auch kämpferische Frauengestalten als innere Unterstützung zu entdecken.

Obwohl wir im weiteren Verlauf erfuhren, dass die Patientin Opfer von sexualisierter Gewalt in der Kindheit war, konzentrierten wir uns in dieser Phase der Krisenintervention darauf, dass sie in Kontakt mit ihren Ressourcen kam. Erst ein Jahr später kam sie dann zur Aufarbeitung ihrer Traumatisierungen. Zu diesem Zeitpunkt war sie aber relativ stabil und deutlich belastbarer als zum Zeitpunkt der Krisenintervention.

Alle Möglichkeiten, die dem Therapeuten und/oder dem Patienten zur Verfügung stehen, sich von den Problemen zu distanzieren, sollten in der Stabilisierungsphase genutzt werden. Von einer Vertiefung belastenden Materials während der Stabilisierungsphase raten wir ab. Erst wenn die Patientin das Gefühl hat, dass sie in Kontakt mit all ihren Fähigkeiten ist, und wenn sie hinreichende Kontrolle hat über innere belastende Zustände, ist Vertiefung angezeigt.

Zu dieser Thematik gehört auch, dass wir davor warnen möchten, zu früh und zu gründlich belastendes Material in der Phase der Anamneseerhebung zu erfragen. Mir fällt immer wieder auf, dass Kolleginnen und Kollegen von Anfang an sehr viel über die Schrecken einer Lebensgeschichte wissen, aber praktisch nichts über Ressourcen. Hier empfehle ich, wirklich von der ersten Stunde an für eine Balance der Fragen und Themen zu sorgen. Es ist auch selten sinnvoll, eine Patientin in der ersten Stunde assoziativ ausschließlich über ihre Schrecken erzählen zu lassen. Viele Therapeutinnen und Therapeuten verkennen, dass das Reden über Belastendes eine erneute und zusätzliche Belastung darstellt. Nur für wenige Patientinnen und Patienten ist es hilfreich, dies zu tun. Unter dem Blickwinkel von Übertragung und Gegenübertragung sollten wir uns mehr Gedanken machen über die unausgesprochenen Beziehungsangebote, die wir von Anfang an machen. Stelle ich in der ersten Stunde eine Situation her, in der es nur um Belastendes geht, kann das als eine Botschaft (miss-)verstanden werden, hier gehe es nur um Belastendes. Diese unausgesprochenen Verabredungen sind dann später oft nicht mehr so leicht zu korrigieren.

1.8 Gefühle kennen lernen und den Umgang mit schwierigen Gefühlen steuern lernen

Schon im zuvor geschilderten Beispiel ging es um den Umgang mit einem schwierigen Gefühl, nämlich panikartiger Angst. Für Menschen, die traumatisiert wurden, gibt es eine Reihe von sehr belastenden Gefühlen: Angst, Panik, Todesangst, Hilflosigkeit, Ohnmacht, das Gefühl totalen Ausgeliefertseins und der Überflutung mit Schrecken, sekundär dann noch Scham und Schuldgefühle. Es gehört zu den normalen Mechanismen der Verarbeitung traumatischer Ereignisse, dass diese einen zunächst immer wieder bedrängen und man diese unangenehmen Gefühle spürt oder dass man innerlich dicht macht und nichts mehr spürt. Die Verarbeitungsphase dauert meist ein halbes Jahr, danach haben viele Menschen ihr Trauma verarbeitet, aber eben leider nicht alle. Manche traumatischen Erfahrungen, wie z. B. Folter und Vergewaltigung, führen in 50 bis 80 Prozent zu einer posttraumatischen Belastungsstörung. Anhaltende Gewalt und sexualisierte Gewalt in der Kindheit sowie Vernachlässigung gehören auch zu den Erfahrungen, die lang anhaltende Schädigungen bewirken können. Eine Form, mit den Schädigungen fertig zu werden, ist, sich oder andere zu verletzen, d. h., man richtet die erlebte Aggression gegen sich oder andere. Somit gehören auch aggressive Gefühle zu denen, mit denen viele Traumatisierte lernen müssen, geschickter und konstruktiv umzugehen.

Ich will hier einige Wege aufzeigen, die sich in unserer Arbeit bewährt haben. Auch hier geht es wieder darum, dass wir Bilder und eine bildhafte Sprache verwenden. Wir arbeiten auch mit so genannter kognitiver Umstrukturierung. Von tiefenpsychologisch orientierten Therapeuten wird der Wert der Arbeit mit Kognitionen häufig noch nicht genügend gewürdigt. Dennoch sind es ja meist die Kognitionen, die am leichtesten zugänglich sind. Ich empfehle daher, sich mit den entsprechenden Techniken vertraut zu machen und sie in einen psychodynamischen Ansatz zu integrieren. Hier beschränke ich mich auf den Teil unserer Arbeit, in der wir Imagination einsetzen, wobei genau genommen unsere Arbeit mit Imaginationen als ein Sonderfall kognitiver Umstrukturierung angesehen werden kann oder psychodynamisch ausgedrückt um eine Ich-Stärkung.

1.9 Dem unangenehmen Bild eine Gestalt geben

Wenn man Ärger oder Angst oder andere unangenehme Gefühle spürt, kann man versuchen, diesen Gefühlen eine Gestalt zu geben. Mit dieser Gestalt kann dann ein Dialog geführt werden, indem man fragt: »Was willst du mich lehren?« Es ist erstaunlich, wie sehr sich dann herausstellt, dass diese als unangenehm erlebten Gefühle auf einmal zu wichtigen Ressourcen werden. Diese Technik wird in vielen humanistischen Therapieschulen verwendet. Ich will sie an einem Beispiel verdeutlichen:

Herr P., der schon eine Weile wegen einer Depression in Therapie ist, berichtet davon, wie ihn seine Angst lähme. Er werde dann ganz starr und wisse nicht, wie er sich helfen solle.

Es wird ihm vorgeschlagen, der Angst eine Gestalt zu geben, und spontan fällt ihm ein Riese ein.

Th.: Wie riesig ist der Riese?
Pat.: Er füllt fast den ganzen Raum aus und er ist dunkel.
Th.: Ich möchte Ihnen vorschlagen, den Riesen der Angst einmal zu fragen, warum er da ist und was er Sie lehren will, aber bevor Sie das tun, wäre es gut, Sie würden ihn erst etwas kleiner machen, geht das?
Pat.: Geht, das hätte ich nicht gedacht. Jetzt ist er nur noch halb so groß.
Th.: Das macht das Gespräch sicher etwas leichter.
Pat.: Ja, ich fühle mich gleichberechtigt.
Th.: Dann könnten Sie den Riesen jetzt fragen, was er Sie lehren will?
Pat.: Er sagt, er möchte verhindern, dass ich Blödsinn mache.
Th.: Blödsinn? Was meint er damit?
Pat.: Da muss ich ihn fragen, ich verstehe das auch nicht. Er meint, dass ich mich dauernd viel zu viel anpasse, nie widerspreche und dass das Blödsinn ist.
Th.: Was halten Sie davon?
Pat.: Irgendwie hat er schon Recht, aber wenn er mich immer so bedroht, kann ich es doch erst recht nicht.
Th.: Könnten Sie mit ihm aushandeln, wie er Sie von jetzt an unterstützt, statt Sie zu blockieren?
Pat.: Meinen Sie wirklich, dass das geht?
Th.: Wie wäre es, Sie probieren es mal, es kann ja eigentlich nicht schlechter werden, oder?
Pat.: Das ist auch wahr ... Er wird wieder größer, aber nicht ganz so riesig. Ich sag ihm, er soll mal wieder schrumpfen, dass wir auf einer Ebene sind ... Macht er ... Jetzt hab ich ihm erklärt, dass, wenn er mir immer Angst macht, ich ihm nicht folgen kann.
Th.: Aha, das klingt einleuchtend.
Pat.: Er sagt, dass er 'ne Menge Power hat und die würde er mir gerne zur Verfügung stellen.
Th.: Wie finden Sie das?
Pat.: Ganz gut, aber ich weiß nicht, wie ich das jetzt machen soll.
Th.: Es ist ja das, was Sie da gerade machen, wie zaubern, oder wie im Traum. Wenn Sie jetzt einfach weiter zaubern, was können Sie dann als nächstes tun?
Pat.: Ach so, wie zaubern, ja das geht. Dann kann er mir ja einfach seine Kraft übertragen.
Th.: Ja, das kann er.

Pat.: Komisch, es funktioniert. Ich fühle mich jetzt richtig gut.

Th.: Wie wäre es dann, Sie stellen sich jetzt eine Situation vor, in der Sie sich ängstlich verhalten und klein machen, und der begegnen Sie jetzt mit der Kraft Ihres Riesen?

Pat.: Meine Frau, die meckert immer an mir rum und ich sag dann nichts, da könnte ich ihr z. B. sagen, dass ich das nicht will, dass sie so mit mir redet.

Th.: Ja.

Pat.: Ich sehe es vor mir, wie sie mit mir redet, zu Hause, im Wohnzimmer. Und ich werde irgendwie größer und sage ihr, dass ich es so nicht mehr will.

Th.: Was geschieht dann?

Pat.: Das ist seltsam, sie fängt an zu weinen und sagt, dass sie das bloß macht, weil ich immer so passiv bin und dass sie das nicht aushält.

Th.: Möchten Sie ihr das jetzt erklären, warum das so ist?

Pat.: Ja, ich sage es ihr. Wissen Sie, ich hab ihr nie erzählt, wo das alles herkommt, ich habe es ja selber nie richtig verstanden, aber jetzt, nachdem ich weiß, wo es herkommt, da kann ich es ihr erklären, und ich glaube, ich mache das, wenn ich nächstes Wochenende nach Hause fahre. Es fühlt sich gut an, mir das vorzustellen.

Th.: Wunderbar. Da können Sie Ihrem Riesen der Angst ja eigentlich richtig dankbar sein.

Pat.: Na ja, er hat mich schon ganz schön gepiesackt, aber ich bin froh, wenn ich ihn jetzt so nutzen kann.

Diese Form des Umgangs mit schwierigen Gefühlen werden viele erst einmal mit Hilfe einer Therapie erlernen müssen, später können sie das aber dann auch einmal alleine versuchen.

Wenn wir einem inneren Zustand, z. B. einem Gefühl, eine Gestalt geben, führt das automatisch zu einer Distanzierung. Danach kann das Potenzial des Zustands genutzt werden.

Eine Art des Umgangs, die bei vielen Patienten Gelächter auslöst, ist folgende: Stellen Sie sich ein Haus vor, in jedem Zimmer ist Platz für ein Gefühl. Wenn man nun seinem Gefühl eine Gestalt gegeben hat, sagt man ihm: »Geh in dein Zimmer, ich habe jetzt keine Zeit für dich.« Eine Patientin meinte, »sonst denkt man doch immer, dass die Gefühle einen beherrschen, aber so hab ich ja die Kontrolle«. Und das ist genau der Punkt.

Die Regler-Übung

Stellen Sie sich einen Regler vor, z. B. wie bei einer Heizung. Nun fragen Sie sich, bei welcher Einstellung sich Ihr Gefühl gerade befindet, und regeln Sie dann den Knopf ein wenig herunter oder ggf. auch herauf. Wie fühlt sich das an?

Diese Übung kann sowohl verwendet werden, wenn Gefühle zu heftig und zu bedrängend sind, wie auch für Gefühle, die nicht genug gespürt werden. Dabei ist es immer wichtig zu berücksichtigen, dass Menschen, die traumatisiert wurden, ihre Gefühle aus guten Gründen nicht oder nur wenig zulassen können. Deshalb ist es auch notwendig, diese Übung sehr behutsam anzugehen. Man kann wirklich in zehntel Schritten regulieren. Ich habe mit manchen Patienten jedes einzelne Gefühl Schritt für Schritt erarbeitet, d. h., diese Arbeit kann relativ viel Zeit in Anspruch nehmen. Aber gerade bei Menschen, die sich wenig spüren, ist dies eine gute Möglichkeit, weil sie immer wissen, dass sie die Kontrolle behalten.
Dort, wo Gefühle überflutend erscheinen, empfiehlt es sich, erst einmal kräftig herunterzuregulieren. Unterstützt werden kann der Regler dann noch durch die Beobachter-Übung, weil diese sofort Distanz schafft.
Auch die Veränderung der Zeitperspektive hilft, sich zu distanzieren. Die Übung des Inneren Teams, wie wir sie vorschlagen, also das »Round-table-Gespräch« mit den jüngeren und einem älteren Ich, habe ich bereits vorgestellt. Besonders die Kontaktaufnahme mit dem ganz alten Ich mit der Frage, was denkst du über dieses Problem, diese Sache, dieses Gefühl, diese Aufregung, hilft, eine veränderte Perspektive einzunehmen.

Weshalb ist es eigentlich so wichtig, dass sich Menschen, die unter einer posttraumatischen Störung leiden, lernen, sich von ihren sie bedrängenden Gefühlen zu distanzieren?

Der Hauptgrund scheint mir darin zu liegen, dass die heftigen Gefühle ihrerseits wieder zu Triggern (Trigger sind Auslösereize) werden können, und es ist, als wäre die traumatische Situation wieder da. Diesen Teufelskreis gilt es zu unterbrechen. Wenn ein Mensch, der unter einer posttraumatischen Störung leidet, lernt, dass er mehr Kontrolle über seine Gefühle hat, dass er sich erlauben kann, sie so viel zu fühlen, wie er kann und möchte, erhöht das auch das Gefühl innerer Sicherheit und Kompetenz. Daher scheint mir die Arbeit zum geschickteren Umgang mit Gefühlen eine ganz wesentliche Voraussetzung für die Traumakonfrontation zu sein. Nur wer einigermaßen in der Lage ist, seine Gefühle zu kontrollieren und auszuhalten, sollte eine Traumakonfrontation wagen. Viele unserer Patienten wollen ganz schnell ihre Traumata konfrontieren, damit es ihnen, wie sie meinen, schnell besser geht. Jedoch das ist ein Irrtum. Man muss nämlich in der Lage sein, die sehr heftigen Gefühle der traumatischen Erfahrung in der Wiederbegegnung auszuhalten. Sonst traumatisiert man sich womöglich erneut, da die Konfrontation mit einer traumatischen Erfahrung häufig erlebt wird, als geschehe einem das jetzt. Daher sage ich sowohl den Betroffenen wie den Therapeutinnen und Therapeuten: »Lassen Sie sich Zeit dafür, einen stabilen Umgang mit den Gefühlen zu erarbeiten. Sie ernten den Lohn dafür dann in der Traumabegegnungsphase vielfach, insbesondere dadurch, dass die traumatischen Erfahrungen verarbeitet werden können, ohne dass Sie mehr als nötig leiden.«

1.10 Dem Kind in sich oder den jüngeren Ichs begegnen

In unserer Arbeit mit inneren Bildern spielt der imaginative Umgang mit dem »inneren Kind« oder den jüngeren Ichs eine zentrale Rolle.

Nach unserem Konzept handelt es sich in den allermeisten Fällen von heftigen Gefühlen, die nicht zu dem Verhalten einer erwachsenen Person zu passen scheinen, um unaufgelöste Konflikte, Verletzungen oder Traumata aus der Vergangenheit, meist der Kindheit. Die Arbeit mit dem inneren Kind erscheint uns daher als ein sehr wirksames Instrument, die erwachsene Person von heute in ihrer Funktionsfähigkeit zu stärken, dabei aber gleichzeitig eine *innerseelische Regression zu ermöglichen, ohne dass sich die Regression in der Beziehung ausbreitet.* Das Arbeitsbündnis zwischen Therapeutin und Patientin bleibt intakt. Im Wesentlichen kann man so auch mit nicht-kindlichen, aber eben jüngeren Teilen, verfahren. Die Person, die in die Therapie kommt, wird als erwachsen und voll funktionsfähig angesehen und behandelt, die Probleme werden dem jüngeren Ich zugeschrieben und die Person von heute eingeladen, sich um den jüngeren Teil zu kümmern. Damit ist die Hilfe suchende Patientin sofort als kompetent und Ressourcen-voll angesprochen. In der folgenden Fallvignette schildere ich zwei Situationen, in der einen geht es um ein jüngeres erwachsenes Ich, in der anderen um ein Kind-Ich.

Frau Z. erscheint als eine ängstliche und schüchterne junge Frau. Die Schilderung, die sie von sich macht, ergibt insgesamt das Bild einer eher ängstlichen Persönlichkeit. Vor vier Wochen sei die Bank überfallen worden. Alles sei sehr schnell gegangen. Vor ihren Augen habe der Räuber dann ihren Kollegen erschossen. Zwar habe die Polizei recht schnell eingegriffen, da ein anderer Kollege doch den Alarm auslösen konnte, aber dieses Bild von ihrem Kollegen, das gehe ihr nicht mehr aus dem Kopf. Während sie dies erzählt, zittert die Patientin und beginnt zu schluchzen. Nachdem sie sich etwas gefasst hat, berichtet sie, dass sie dauernd Angst davor habe, ihr selbst könne etwas passieren. Sie könne seither nicht mehr aus dem Haus gehen, auch jetzt sei sie in Begleitung ihrer Mutter gekommen, denn sie schaffe es nicht, auch nur einen Schritt alleine zu gehen. Sie träume auch oft von dem Ereignis und dabei habe sie auch das Gefühl, sie selbst werde erschossen. Sie wache dann schweißgebadet auf. Das gehe nun schon die ganze Zeit so und sie wisse gar nicht, wie es weitergehen solle.

Th.: Frau Z., ich habe den Eindruck, dass Sie schon immer ein recht ängstlicher Mensch waren, aber trotzdem ganz gut im Leben zurechtgekommen sind. Trifft das zu?

Pat.: Ja, leicht war es für mich nie, aber so wie jetzt war es auch noch nie. Jetzt fühl ich mich einfach fertig und total hilflos.

Th.: Die Hilflosigkeit gehört ja eigentlich zu der Frau, die den Banküberfall miterleben musste und die erlebt hat, dass ihr Kollege getötet wurde.

Pat.: Schon, das stimmt. Aber was meinen Sie damit?

Th.: Ich stelle mir vor, dass die Frau vor dem Ereignis ja doch ganz gut klargekommen ist, und die gibt es ja immer noch. Aber das, was Ihnen da vor vier Wochen passiert ist, das macht jeden Menschen erst mal fertig, da gerät jeder in Angst und Schrecken und da braucht man einfach Zeit, damit fertig zu werden.

Pat.: Meinen Sie, dass ich eigentlich gar nicht verrückt bin, dass ich jetzt so viel Angst habe?

Th.: Ja, das meine ich. Es ist völlig normal, wenn einem so etwas passiert, dass man immer dran denken muss, dass man Albträume und auch Angst hat.

Pat.: Und was soll ich jetzt machen?

Th.: Können Sie sich vorstellen, dass Sie wieder mehr die Frau Z. spüren, die ganz gut mit ihrem Leben fertig wurde? Können Sie sich an sich selbst vor dem Überfall erinnern, wie Sie ganz zuversichtlich waren, gab's so was?

Pat.: Ja, sicher, gerade kurz vor dem Überfall war ich in Urlaub auf Teneriffa, da ging's mir richtig gut, und ich hatte Freude an meinem Leben.

Th.: Können Sie sich dieses Gefühl noch mal ins Gedächtnis rufen, wie Sie Freude am Leben hatten? Wissen Sie noch, wie das aussah auf Teneriffa, können Sie noch die warme Sonne spüren und den besonderen Geruch von dort?

Pat.: Ja, das geht. Da fühl ich mich jetzt viel besser, wenn ich daran denke. Und was soll ich jetzt damit machen?

Th.: Diese Freude, die Sie da spüren, die gehört genauso zu Ihnen wie die Angst. Was ich Ihnen vorschlagen möchte, ist, so zu tun, als wären Sie zwei: die Fröhliche und die Ängstliche. Und dass sich die Fröhliche mal etwas um die Ängstliche kümmert. Ihr sagt, dass sie sie gut verstehen kann und dass das ja wirklich eine ganz fürchterliche Geschichte war, die da passiert ist.

Pat.: Dass das geht, kann ich mir nicht vorstellen, aber ich kann's ja mal probieren.

(Die Patientin konzentriert sich auf die Vorstellung, und die Therapeutin kann beobachten, dass sie sich dabei entspannt.)

Pat.: Es geht wirklich. Hätt' ich nicht gedacht.

Th.: Und wie geht es Ihnen damit?

Pat.: Ich fühl' mich besser.

Th.: Was Sie tun können, ist, dass Sie sich oft die fröhliche Frau aus Teneriffa ranholen und dass die dann mit der ängstlichen redet, wie eben. Dann kann die sich nach und nach beruhigen. Das braucht allerdings Zeit. Ich hab Ihnen schon erklärt, dass das ganz normal ist, was Sie jetzt erleben, und das Wichtigste ist, dass man sich Zeit lässt, solche Sachen zu verarbeiten. In gewisser Weise ist das so, als hätten Sie sich verletzt am Körper. Da wissen Sie, dass der Körper sich selbst heilt und dass sich Wunden nach und nach schließen und heilen. Aber das braucht Zeit. Und so ist es auch für die Seele, die kann sich letzten Endes auch selbst heilen, denn jeder Mensch verfügt über Selbstheilungskräfte, aber Zeit lassen müssen wir uns dafür schon.

Pat.: Das leuchtet mir ein. Ich hab jetzt Mut, es mal zu probieren.

(Frau Z. kam in die nächste Stunde und berichtete, es sei ihr recht gut gelungen, mit sich selbst im Gespräch zu sein, und es habe ihr gut getan. Sie habe etwas besser geschlafen, aber aus dem Haus gehen könne sie noch immer nicht.)

Th.: Was macht Ihnen dabei Angst?

Pat.: Ich stell mir vor, dass plötzlich einer kommt und mir was tut.

(Die Patientin wird auf einmal blass, atmet schneller und bricht in Panik aus. Ihre Augen erscheinen starr vor Angst. Ich werde im Kapitel »Heilsamer Umgang mit dem Körper« auf diese Szene zurückkommen. Es erfolgte eine Intervention, die der Patientin helfen sollte, sich in ihrem Körper sicher zu fühlen, was auch gelang. In der Folgezeit wurde es der Patientin möglich, von einer Mandeloperation zu erzählen, die sie als 5-jähriges Kind erlitten hatte. Da die Patientin schließlich sehr unter Druck war, diese Geschichte zu erzählen, wurde ihr vorgeschlagen, das, was sie wusste, in der dritten Person und aus der Beobachterperspektive zu erzählen, denn es wäre nicht möglich gewesen, ihr zu empfehlen, diese Erinnerungen in den Tresor zu packen. Nachdem sie die Geschichte grob erzählt hatte, wurde ihr vorgeschlagen, das Kind aus dieser belastenden Szene herauszunehmen.)

Th.: Frau Z., ist es Ihnen möglich, sich vorzustellen, dass Sie das Kind aus dieser schrecklichen Szene herausholen?

Pat.: Wie soll ich das machen? Ich weiß gar nicht, wie das geht, dass ich mich um so ein Kind kümmere.

Th.: Was hätte dieses Kind gebraucht?

Pat.: Sie hätte Erwachsene gebraucht, die ihr gesagt hätten, dass das vorbeigeht und dass alles wieder gut wird, aber meine Eltern hatten ja selber Angst, besonders meine Mutter hat sich riesige Sorgen gemacht, dass mir was Schreckliches passiert.

Th.: Angenommen, Sie hätten »ideale« Eltern gehabt, Eltern, die es so allerdings gar nicht gibt, die man sich aber wünschen darf, können Sie sich vorstellen, dass die das gemacht hätten?

Pat.: Schon, das wäre schön gewesen, wenn ich die gehabt hätte.

Th.: Heute können Sie auf Ihrer inneren Bühne, dort, wo Sie so viele Gestalten erschaffen können, wie Sie wollen, auch ideale Eltern erschaffen, die genau das für das Kind tun, was Sie gerade gesagt haben. So möchte ich Ihnen vorschlagen, einmal zu schauen, ob Sie ein Bild für diese idealen Eltern finden.

Pat.: Ich sehe zwei Vögel, die das Kind da wegtragen und in ein Nest bringen.

Th.: Könnten das so was wie ideale Eltern für Ihr Kind sein?

Pat.: Ja, ich glaube schon. Dem Kind geht es besser.

Th.: Mögen Sie sich vorstellen, dass dieses Kind nun in dem Nest alle Pflege und Fürsorge erhält, die es braucht?

Pat.: Ja, das fühlt sich gut an, aber ich habe auch ein schlechtes Gewissen, dass ich dadurch meine Mutter kritisiere.

Th.: Denken Sie, dass Ihre Mutter es hätte anders machen können?

Pat.: Nein, sie konnte es nicht anders machen.

Th.: Wieso ist es dann eine Kritik, wenn Sie sich jetzt eine Alternative erschaffen?

Pat.: Meine Mutter fühlt sich immer kritisiert, wenn ich etwas anders haben will. Aber ich kann mir schon vorstellen, dass es jetzt für mich erst mal gut ist, mir das so auszudenken.

Th.: Gut, auf das andere könnten wir ja später noch mal zurückkommen. Einverstanden?

Pat.: Ja, das ist gut, dann kann ich mich jetzt besser auf das Kind konzentrieren, wenn ich weiß, dass wir auf diese Sache noch mal zurückkommen.

Th. Wenn Sie sich jetzt also vorstellen, dass das Kind von dem Vogelpaar, die so etwas wie ideale Eltern sind, da rausgeholt wird, wie geht es Ihnen dann?

Pat.: Sehr gut, es tut mir gut, mir das vorzustellen.

Bei der »Inneren-Kind-Arbeit« wird versucht, die erwachsene Person von heute einzuladen, dass sie sich um das Kind kümmert. Wenn sie das nicht kann, wird ihr vorgeschlagen, sich ideale Eltern zu imaginieren. Die idealen Eltern übernehmen dann die Funktionen eines ganz und gar liebevollen Erwachsenen. Für die meisten Menschen ist es leicht, zu den idealen Eltern Zugang zu erhalten, indem sie sich klarmachen, was das Kind, das sie einmal waren, gebraucht hätte. Wenn jemand sich das gar nicht vorstellen kann, kann man fragen, wie die erwachsene Person denkt, dass ein Kind, das sie kennt, reagiert hätte und was dieses gebraucht hätte. Ich habe es noch nicht erlebt, dass sich jemand überhaupt nicht vorstellen kann, was ein Kind brauchen würde. Allerdings braucht es dazu manchmal ein wenig Anleitung und auch Informationen. Wir empfehlen daher unseren Patientinnen und Patienten eine Reihe von Büchern über kindliche Entwicklung und auch Kinderbücher, aus denen die Bedürfnisse von Kindern deutlich hervorgehen. Über »Innere-Kind-Arbeit« gibt es viele Bücher, die der interessierten Leserin oder dem interessierten Leser empfohlen werden. Die wesentlichen Prinzipien sind einfach: Erkennbar kindliches Verhalten wird benannt, indem man sich fragt, ob die-

ses Verhalten eigentlich zu einer erwachsenen Person passt. Wenn man diese Frage verneinen kann, kann man sich fragen, wie alt bin ich dann eigentlich, wenn ich mich so fühle oder verhalte. Damit hat man den Schlüssel zur Begegnung mit dem Kind bereits in der Hand. Man kann dann imaginativ versuchen, sich mit dem Kind in Verbindung zu setzen. In der Stabilisierungsphase geht es vor allem darum, das Kind aus den belastenden Situationen herauszuholen, es an einen sicheren Ort zu bringen und es zu trösten. Erst in der Traumakonfrontationsphase würde das Kind seine schmerzhaften Geschichten genauer erzählen. Die Arbeit mit dem inneren Kind ist auch eine Form der Distanzierung. Es ist ein sehr wirksames Instrument für die Arbeit, weil es die Patientin/den Patienten auf längere Sicht gesehen auch unabhängig von der Fürsorge der Therapeutin/des Therapeuten macht. Je besser eine Patientin in der Lage ist, sich um ihr inneres Kind oder um ein jüngeres Ich zu kümmern, desto mehr kann sie sich in den Zeiten zwischen den Sitzungen um sich selbst kümmern. Ich habe es mir angewöhnt, meine Patientinnen und Patienten immer dann, wenn sie mir sagen, sie bräuchten mich so dringend, zu fragen, ob es sein kann, dass sie nicht in einem genügend guten Kontakt mit ihrem inneren Kind sind und das heißt natürlich mit sich selbst.
Ich möchte diese Art des stabilisierenden Umgangs mit sich selbst noch an einem weiteren Beispiel verdeutlichen:

In diesem Fall handelt es sich um einen Mann, der im Großen und Ganzen in seinem Leben gut zurechtkam. Nur in bestimmten Situationen, die alle einander ähnelten und wo es darum gegangen wäre, klar und deutlich für eigene Bedürfnisse gegenüber relativ unempathischen Menschen einzutreten, geriet Herr C. in ihn selbst seltsam anmutende Unruhezustände. Er ärgerte sich dann auch über sich selbst, dass er sich wieder einmal nicht durchgesetzt hatte, und über seine unterschwellige Ängstlichkeit, aber er konnte daran nicht viel ändern. Herr C. wusste, dass er als Kind häufig von der Mutter geprügelt worden war. Er meinte dazu, das sei ja wohl vielen Menschen passiert und das habe er ganz gut weggesteckt. Man könnte natürlich die Frage aufwerfen, ob das so »stimmen« kann, wenn Herr C. doch noch solche Probleme habe. Wir entschieden uns dennoch dafür, diese Sichtweise von Herrn C. zu akzeptieren, denn tatsächlich kam er ja im Leben im Großen und Ganzen gut zurecht.

Th.: Herr C., wenn Sie mir das so erzählen, dann kommt in mir der Gedanke auf, dass es in Ihnen fast zwei verschiedene Menschen gibt, wenn ich Ihnen das mal so als Idee vorschlagen darf. Der eine ist der erwachsene Mann, der mit allem sehr gut zurecht kommt, auch mit seiner Vergangenheit gut klarkommt, und es scheint da einen anderen Teil zu geben, der mir vorkommt, als könnte er ein jüngerer Teil von Ihnen sein, vielleicht wie ein Kind. Und dieses Kind, wenn ich das mal so nennen darf, das ist sehr verängstigt und traut sich nicht zu widersprechen. Können Sie mit diesem Gedanken etwas anfangen?

Pat.: Ja, wenn ich widersprechen sollte, da komm ich mir manchmal vor wie ein Kind. Aber zwei bin ich nicht, ich bin doch nicht verrückt.

Th.: Nein, ganz und gar nicht. Vielleicht erkläre ich Ihnen das noch ein bisschen genauer, was ich meine. Manche Menschen meinen, dass wir nicht wie eine ganz und gar konsistente Persönlichkeit sind, sondern dass wir quasi wie viele in uns sind, von deren Existenz wir auch gelegentlich etwas zu spüren bekommen. Und diese anderen in uns, die kommen uns manchmal ganz fremd vor. So, wie es Ihnen fremd vorkommt, dass Sie sich in bestimmten Situationen gar nicht erwachsen benehmen. Dass man das an sich beobachten kann, heißt überhaupt nicht, dass man verrückt ist, vielmehr scheint es so zu sein, dass das eher der Normalzustand ist. Nur hat die psychologische Wissenschaft davon bisher wenig Notiz genommen. Allerdings gibt es eine ganze Reihe von Psychotherapeuten, die mit solchen Konzepten arbeiten. Einer der ersten war C. G. Jung, der sprach von den Komplexen, die so was wie ein Eigenleben führen, aber auch Freud wusste schon, dass es in einer Person so etwas wie verschiedene Teile gibt, der nannte das …

Pat.: Ja, das weiß ich, der nannte das Ich, Es und Überich. Freud hab ich ziemlich genau gelesen.

Th.: Das freut mich, da kennen Sie sich ja gut aus. Also, einige Therapeuten gehen weiter als Freud und betrachten das innere Geschehen wie auf einer Bühne, auf der verschiedene Gestalten spielen. Die gute Nachricht dazu ist, dass letztlich das Ich, das Sie ja kennen, so etwas wie der Autor und der Regisseur ist, d. h., er kann mit den inneren Spielern schon Verabredungen treffen, wie sie ihre Rolle spielen sollen. Nur wird natürlich ein guter Regisseur nicht befehlen, sondern mit seinen Schauspielern verhandeln, und die auch erst einmal richtig kennen lernen wollen.

Pat.: Wollen Sie andeuten, dass ich die noch nicht gut kenne?

Th.: Das könnte man so sagen. Dieser ängstliche Teil z. B., den wollten Sie ja bis jetzt lieber nicht kennen lernen. Und ich stelle mir das so vor, dass der nun immer wieder auf sich aufmerksam macht. Insbesondere dann, wenn meine Hypothese stimmt und es handelt sich um ein Kind. Was meinen Sie, was macht ein Kind, auf das nicht reagiert wird?

Pat.: Es macht irgendwie trouble.

Th.: Genau. Was denken Sie, könnte das ein Kind in Ihnen sein, das trouble macht?

Pat.: Kann schon sein. Gerne denke ich das nicht, ich fühl mich dann, als hätte ich mich nicht im Griff. Und das ist mir sehr wichtig.

Th.: Angenommen, Sie hätten Kontakt mit diesem Kind und es wäre erleichtert, könnte es nicht gerade dann sein, dass Sie sich wieder mehr im Griff hätten, d. h., Sie hätten in gewisser Weise mehr Kontrolle?

Pat.: Wenn das ginge, wäre ich froh. Irgendwie haben Sie schon Recht. Ich verdränge da was oder schieb was weg, weil es mir unangenehm ist.

Th.: Ich möchte Ihnen etwas vorschlagen. Mit unserer Vorstellungskraft können wir zaubern. Wenn Sie sich jetzt mit diesem Jungen in sich verbinden, der so ängstlich ist, und ihn einladen, dass er mit Ihnen in Ihre Zeit kommt, dann könnte das sehr hilfreich für Sie sein. Es ist nämlich so, dass dieser Junge in Ihnen wie eingefroren in seiner Zeit ist und deshalb natürlich auch ängstlich ist. Wenn Sie ihn in die jetzige Zeit mitnehmen, dann ist er in Sicherheit, oder?

Pat.: Ja, klingt einleuchtend. Und Sie meinen, ich soll mir das einfach so vorstellen?

Th.: Ja, schauen Sie, ob und wie es geht.

(Herr C. konzentriert sich, und nach ein paar Minuten schaut er mich an.)

Pat.: Seltsam, ich kann ihn wirklich vor mir sehen. Das hätte ich nicht gedacht. Er ist gerade mal fünf Jahre, und er hat wirklich eine Menge Angst. Ich weiß auch warum.

Th.: Wenn es Ihnen und Ihrem kleinen Jungen recht ist, dann stellen Sie sich jetzt nur vor, dass Sie ihn dort, wo er ist, herausholen. Später kann er Ihnen dann mal, falls Sie und er es wollen, seine Geschichte erzählen und Sie sie dann mir. Aber für den Moment ist es nur wichtig, dass er mal in Sicherheit kommt.

Pat.: Wo soll ich ihn denn hinbringen? Ich kann mich ja nicht die ganze Zeit um ihn kümmern.

Th.: Können Sie sich einen schönen sicheren Platz vorstellen für ihn?

Pat.: Ja, das geht. Aber es muss sich jetzt jemand um ihn kümmern, der ist so traurig.

(Der Patient fängt fast zu weinen an.)

Th.: Ja. Und Sie spüren jetzt auch seine Trauer?
Pat.: Ja, ziemlich …
Th.: Was würde er denn brauchen und was hätte er gebraucht?
Pat.: Menschen, die ihn lieb gehabt hätten, die mit ihm gespielt hätten, die ihn getröstet hätten.
Th.: Können Sie, der erwachsene Mann, ihm das geben?
Pat.: Das kann ich mir vorstellen … Er möchte meine Hand nehmen, und ich streichle ihm übers Haar und sage ihm, dass ich ihn lieb habe.
Th.: Das ist schön, dass Sie so einen guten Kontakt herstellen können.
Pat.: Ja, das hätte ich mir wirklich nicht gedacht, dass ich das kann, obwohl ich einen ganz guten Kontakt zu meinen Kindern habe.
Th.: Dieser gute Kontakt zu Ihren Kindern, der kann Ihnen dienlich sein im Umgang mit Ihrem kleinen Jungen in Ihnen, denn dann wissen Sie, was er braucht.
Pat.: Er braucht aber trotzdem noch jemanden, wenn ich nicht kann.
Th.: Wie wäre es, wenn Sie für ihn jetzt ideale Eltern erschaffen. Sie wissen ja, mit unserer Vorstellungskraft können wir alles erschaffen, was wir wollen.
Pat.: Ja, das haben Sie gesagt. Und es geht ja auch, das habe ich gemerkt, obwohl ich mir das vorher nicht hätte denken können. Aber Sie haben mich überzeugt. Ideale Eltern … Ja, ich hab welche gefunden. Ich nehme Tiere, das geht doch, oder, Menschen sind mir zu unsicher.
Th.: Tiere sind wunderbar, schön, dass Ihnen das eingefallen ist. In der Mythologie gibt es z. B. die Wölfin von Romulus und Remus.
Pat.: Ich hab zwei Katzen.
Th.: Das ist auch gut.
Pat.: Und die bleiben jetzt bei dem Kleinen, dann geht es ihm gut. Ich glaube, ich muss dann später noch mal wieder kommen, damit ich Ihnen seine Geschichte erzählen kann. Aber jetzt werd ich erst mal schauen, wie es mir damit geht.
Th.: Ja, das ist eine gute Idee.

In der Stabilisierungsphase geht es immer vordringlich darum, dass »das Kind« in Sicherheit gebracht wird. Die Vorstellung von der Zeit des Erwachsenen, in die man das Kind bringt, habe ich davon abgeleitet, dass gemäß neuer physikalischer Erkenntnisse Zeit relativ ist. So kann man mit ihr spielen, wie es einem gut tut. Dass Zeit keine feststehende Größe ist, weiß jeder aus den unterschiedlichen Erfahrungen mit dem Zeiterleben.

1.11 Die innere Bühne

Die innere Bühne wurde bereits verschiedentlich erwähnt. Hier sollen noch einmal die wesentlichen Elemente zusammengetragen werden. Dabei sollen uns vor allem die »Schurken und Bösewichte« auf der inneren Bühne ausführlich beschäftigen, da wir die guten Gestalten ja bereits besser kennen gelernt haben.

Ich möchte daran erinnern, dass wir alle Regisseure dieser inneren Bühne sind, aber auch Akteure, d. h., letzten Endes bin ich alles selbst, was da auf meiner Bühne passiert. Diese Sichtweise entspricht am ehesten der Jung'schen Sichtweise. Virginia Satir (1978) spricht vom inneren Theater. Das Konzept »innere Bühne« hilft uns, Innerseelisches wahrzunehmen und damit zu spielen. Gleichzeitig ermöglicht es eine Distanzierung. Ich kann, je nachdem, die einzelnen Gestalten näher an mich heranlassen oder sie auch auf Distanz halten. Gleichzeitig ist es auch so, als ob diese Bühne außerhalb von mir selbst wäre, auch dies erlaubt eine Distanzierung.

Auf der inneren Bühne haben wir bis jetzt die guten hilfreichen Wesen entdeckt, jüngere und zukünftige Ichs und, als Sonderform davon, das innere Kind sowie die idealen Eltern. Wenn zu ihnen allen ein guter Kontakt besteht, ist es leichter, auch zu den weniger erfreulichen Gestalten Kontakt herzustellen. Wir sprachen schon darüber, wie man z. B. unangenehmen Gefühlen eine Gestalt verleihen kann, z. B. der Angst. Es gibt außerdem Gestalten, die vielen wie ungebetene Gäste vorkommen, und doch sind auch sie Teil des Geschehens auf der inneren Bühne. Diese kann man die Bösewichte, die Dämonen, die Schurken nennen. Manche meinen, zu diesen Gestalten gehörten auch innere Feinde, die man unbedingt vernichten müsse. Manche hingegen haben die Ansicht, dass alles, was sich auf der inneren Bühne aufhält, wichtig und notwendig ist und Vernichtung daher in keinem Fall in Frage kommt. Ich selbst habe noch vor ein paar Jahren sehr dafür plädiert, die »inneren Feinde« zu vernichten. Ich bezog mich dabei vor allem auf Carola Pinkola Estès (1993) und ihre Darstellungen zum Blaubart Märchen in ihrem Buch »Die Wolfsfrau« und auf Phyllis Krystal (a. a. O.) und deren Umgang mit dem Archetyp der »bösen Eltern«. Heute rate ich zum »Unschädlichmachen«, das lässt viel mehr Raum. Manchmal heißt das umbringen, manchmal heißt das sanfte Transformation, so wie Michael Ende das z. B. in seiner Geschichte von dem bösen Drachen Frau Malzahn in »Jim Knopf und Lukas der Lokomotivführer« erzählt. Mittlerweile habe ich mit sehr vielen verschiedenen Menschen an der Thematik der bösen inneren Objekte und der Täterintrojekte gearbeitet und weiß, dass es auch hier keine Lösung gibt, die für alle gleichermaßen gilt. Eines ist mir besonders klar geworden: Man darf niemanden dazu anregen, verinnerlichte böse Seiten der eigenen Eltern symbolisch zu töten, ohne dass man vorher ganz gute oder ideale Eltern zu erschaffen angeregt hat, die das Gute der Eltern in sich tragen, sonst treibt man Menschen regelrecht in Verzweiflung hinein. Man beraubt sie des Guten, das sie unbedingt zum Überleben brauchen.

Täterintrojekte hatten, als sie entstanden, eine sehr wichtige Schutzfunktion. Sie sind in traumatischen Situationen deshalb entstanden, weil die Identifikation und Introjektion des Täters half, sich nicht mehr ohnmächtig und hilflos zu fühlen. Wenn man mit dem Täter identifiziert ist oder ihn sogar in sich hat, dann ist das, was geschieht, richtig und man ist dadurch nicht mehr hilflos. Ich habe im Lauf der Jahre gelernt, wie wichtig es ist, diese Schutzfunktionen angemessen zu würdigen. Richard Schwartz (1997) bezeichnet diese Introjekte auch als »Manager«, und aus dieser Bezeichnung wird deutlich, wie wichtig sie sind. Dennoch sind diese Gestalten der inneren Bühne oft extrem destruktiv, und daher ist es wichtig, ihnen ihre Destruktivität zu nehmen, und das ist es, was ich mit »unschädlich machen« meine.

Kinderspiele im Umgang mit bösen, bedrohlichen Gestalten können uns genauso anregen wie Märchen und Mythen. Ein wichtiges Element im Umgang mit den bösen Gestalten ist das, was ich den »Schatz, auf dem der Bösewicht sitzt oder den er hütet« nenne. Das bedeutet, dass, wenn wir etwas für sehr bedrohlich, für sehr gefährlich halten und es deshalb schleunigst loswerden wollen, wir nicht vergessen dürfen, dass hinter diesem Bedrohlichen etwas für uns Wertvolles verborgen ist, das es zu bewahren gilt.

Ich werde im Folgenden zwei verschiedene Möglichkeiten des Umgangs mit den inneren Feinden darstellen. Im ersten Fall war es für die Patientin sehr wichtig, den inneren Bösewicht zu vernichten, im zweiten Fall dagegen war es genauso wichtig, das Gute im Bösewicht zu erkennen und ihn dienstbar zu machen, was bedeutete, ihn nicht zu töten. In beiden Fällen gelang es, den inneren Feind unschädlich zu machen.

Frau I. ist eine zarte, junge Frau, die über viele Jahre in der Familie Gewalt und sexualisierte Gewalt erlitten hatte. Sie kam mit Albträumen, intrusiven Gedanken und Bildern, Selbstmordabsichten, panikartigen Ängsten und häufigen depressiven Verstimmungen zu uns. Sie nahm den Vorschlag, die intrusiven Bilder und Gedanken sowie die Alpträume in den Tresor zu packen, gerne an und erfuhr dadurch eine gewisse Erleichterung. In der Körpertherapie machten ihr das achtsame Wahrnehmen des Körpers und die Aromatherapie Freude, und es war erkennbar, dass es ihr besser ging. Nach einigen Wochen der stabilisierenden Arbeit kam sie in die Einzeltherapie und berichtete, dass es ihr »schlechter denn je« gehe.

Th.: Haben Sie dafür eine Erklärung?
Pat.: Eigentlich nicht.
Th.: Gibt es so etwas wie eine Stimme in Ihrem Inneren, die sagt, es soll Ihnen nicht gut gehen oder etwas Ähnliches?
Pat.: Ja, es gibt eine Stimme, die sagt, ich habe es nicht verdient, dass es mir gut geht, denn ich sei böse.
Th.: Ist das Ihre eigene Stimme oder gehört die zu jemand anderem?
Pat.: Die gehört zu meiner Mutter, die hat das immer zu mir gesagt, wenn der Vater mich missbraucht hat, dass ich nichts Besseres verdient habe, ich sei schuld und böse.
Th.: Wie denken Sie heute darüber?
Pat.: Ich denke, sie hatte nicht Recht, aber irgendwie denke ich auch, dass sie Recht hatte.
Th.: Da gibt es einen Teil in Ihnen, der denkt wie die Mutter?
Pat.: Ja, kann man so sagen.
Th.: Stellen Sie sich vor, Sie hätten als Kind nicht gedacht wie Ihre Mutter, was wäre dann passiert?
Pat.: Ich weiß nicht … Ich glaube, ich wäre verrückt geworden. Sie war doch auch wichtig für mich. Sie war der einzige Mensch, der mir Sicherheit gab, sie war manchmal ja auch gut zu mir.
Th.: Eben, Sie mussten sich mit ihr identifizieren, wie wir das nennen, ja, Sie mussten, das, was sie meinte, sich zu eigen machen, es in sich hineinnehmen, sodass es wie ein Teil von Ihnen wurde, sonst hätten Sie es nicht ausgehalten.
Pat.: Ja, so war es wohl.
Th.: In Märchen haben Menschen das Problem, dass Eltern manchmal unerträglich böse für das Kind sind, so gelöst, dass es die

guten Eltern und die Stiefeltern gibt, die sind dann die Bösen. Kennen Sie das?

Pat.: Klar, Schneewittchen mochte ich, da kommt die böse Stiefmutter doch am Ende um, wird die nicht sogar zur Strafe geteert und gefedert oder so was?

Th.: Ich weiß es jetzt nicht genau für dieses Märchen, aber das kommt häufig vor, dass die Bösen richtig grausam bestraft werden, damit alles wieder seine Ordnung hat. Die Grausamen werden grausam bestraft, so geht es in vielen Märchen. Im Grunde genommen war Ihre Mutter, wenn sie so gemein zu Ihnen war, so uneinfühlsam wie die böse Stiefmutter im Märchen.

Pat.: Dann könnte ich sie ja auch teeren und federn, oder?

Th.: Ja, die böse Stiefmutter schon. Aber es ist wichtig, dass Sie sich die gute Mutter, die Sie ja auch hatten, erhalten. Können Sie sich vorstellen, dass Sie ihr zunächst eine Gestalt geben?

Pat.: Warum, das reicht doch, wenn ich an meine Mutter denke.

Th.: Es ist so: Ihre Mutter war, wie alle Menschen, beides: gut und böse. Wenn Sie es jetzt bei dem Bild Ihrer real existierenden Mutter belassen, ist das immer vermischt. Was Sie im Moment brauchen auf Ihrer inneren Bühne, das kennen Sie ja schon, das ist die ganz gute Mutter, und das ist kein real existierender Mensch, aber ein Innenbild kann und soll es schon sein.

Pat.: Dann nehme ich Maria in ihrem blauen Mantel, die hab ich immer gemocht.

Th.: Schön, also Maria im blauen Mantel, das ist die ganz gute Mutter. Und die böse?

Pat.: Eine Hexe, klar.

Th.: Was geschieht nun mit der Hexe?

Pat.: Ich möchte sie umbringen, aber ich habe Angst vor ihr.

Th.: Gibt es Helfer in diesem Kampf?

Pat.: Wer könnte das sein? Mir hat nie jemand geholfen.

Th.: Jetzt, auf Ihrer inneren Bühne, können Sie die Helfer erschaffen, die Sie brauchen. Maria ist ja auch da.

Pat.: Dann will ich einen Drachen haben, der Gift und Galle spuckt und sie damit umbringt.

Th.: Ja, das klingt überzeugend. Können Sie das jetzt in Ihrer Phantasie geschehen lassen?

Pat.: Es dauert etwas, sie wehrt sich … Aber jetzt hat es geklappt. Sie ist zusammengebrochen. Jetzt liegt sie da, tot. Hoffentlich wird sie nicht wieder lebendig.

Th.: Wie können Sie ganz sichergehen?

Pat.: Ich muss sie noch verbrennen. Ich mache ein großes Feuer und verbrenne sie … Irgendwie tut mir das jetzt richtig gut, obwohl es doch so grausam ist.

Th.: Ja, es schafft Klarheit.

Pat.: Stimmt. Der Drache, den behalte ich. Der ist mir treu ergeben, der hilft mir, mich zu wehren. Finden Sie das in Ordnung?

Th.: Unbedingt. Sie sind ja sonst, da haben wir schon drüber gesprochen, oft ein bisschen zu sanft. Da könnte er Ihnen jetzt beistehen.

Pat.: Das gefällt mir.

Th.: Ich möchte Sie noch fragen, ob Sie sehen können, dass Ihre böse Hexe auch einen Schatz hatte, den Sie sich jetzt aneignen könnten?

Pat.: Einen Schatz?

Th.: In den Märchen ist das immer so, die Bösen hüten einen Schatz, den am Ende dann die Heldin oder der Held gewinnt, wenn sie oder er die Bösen vernichtet hat.

Pat.: Ach so ... Sie hatte ein goldenes Haus mit einem goldenen Vogel der Weisheit. Den frag ich jetzt, ob er mit mir kommt ... Ja, er will ... Das gefällt mir.

Th.: Wie ist das jetzt mit dem Satz, dass es Ihnen nicht gut gehen darf, weil Sie böse sind?

Pat.: Ich frage den Vogel, ob der wahr ist ... Er sagt nein ...Warten Sie mal, der sagt noch was Wichtiges ... Er sagt, meine Mutter hat mir das gesagt, weil sie dachte, wenn ich das höre, wehre ich mich mehr und dann hört es auf.

Th.: Hätten Sie sich wehren können?

Pat.: Nein, ich war doch viel zu klein, meine Mutter hat das gedacht. Komisch ... Aber ich will jetzt erst mal nicht über meine Mutter nachdenken.

Th.: Das kann ich verstehen. Ich möchte Ihnen vorschlagen, dass Sie zum einen schauen, ob Ihnen Ihr neu entdeckter Drache hilft und wie es mit dem Vogel geht, wenn Sie sich ratlos fühlen.

Pat.: Ja, das mache ich.

Es ist an diesem Beispiel ersichtlich, dass es durchaus aggressive Anteile in der Patientin gibt, die sie ohne weiteres dem Ich zugehörig erlebt und die hier als Drache präsent werden. Täterintrojekte hingegen werden häufig als Ich-fremd erlebt, und wenn das der Fall ist, wird das Töten dieses Fremden oft als befreiend wahrgenommen.

Der zweite Fall ist der eines Patienten, der in die Therapie kam wegen suizidaler Impulse. Diese begleiteten ihn schon sehr lange, und er hatte auch bereits mehrere Selbstmordversuche hinter sich. Er sprach davon, dass es ihm vorkomme, als habe er einen Dämon in sich, gegen den er sich aber ganz hilflos fühle. Es stellte sich heraus, dass ihm als Kind immer wieder vermittelt worden war, er sei schrecklich, unerträglich, ein Sargnagel für seine häufig kranke Mutter u. Ä. Mit dieser Meinung seiner frühen Bezugspersonen hatte er sich identifiziert, ja diese introjiziert. Dies war ihm völlig bewusst, da er bereits mehrere Therapien gemacht hatte. Er hatte aber das Gefühl, nichts ändern zu können.

Th.: Sie sprachen da von einem Dämon. Wie sieht der aus?

Pat.: Fürchterlich. Ein schreckliches Monster mit fünf Köpfen, einer sieht böser aus als der andere.

Th.: Mir fällt da die Sage von Medusa ein. Es war aber gefährlich, ihr zu begegnen. Kennen Sie die Geschichte?

Pat.: Ja. Perseus hat sie besiegt, weil er einen Schild hatte. Er hat sie getötet. Aber ich habe das ungerecht gefunden. Warum hat er sie getötet? Sie war doch auch ein Opfer.

Th.: Ja, das stimmt. Haben Sie für Ihren fünfköpfigen Dämonen eine andere Idee?

Pat.: Im Moment nicht. Ich muss da mal drüber nachdenken. Bis jetzt wusste ich das ja noch gar nicht, das mit Medusa und Perseus, ich hatte das grade gelesen, aber dass es so direkt was mit mir zu tun hat, das wusste ich nicht. Können wir das nächste Mal darüber weiterreden?

Th.: Natürlich.

Im nächsten Gespräch berichtet der Patient, er habe sich überlegt, dass dieses Monster irgendwie auch wichtig für ihn sei. Er könne es nicht genau erklären. Er sei auch nicht immer ein liebes Kind gewesen, und wenn er dieses Monster töte, dann käme es ihm vor, als töte er das Kind in sich. Das gehe ja wohl nicht. Er müsse da noch weiter alleine drüber nachdenken. In der darauf folgenden Stunde kam er wieder auf das Thema zurück.

Pat.: Ich glaube, jetzt weiß ich, wie's geht. Fünf Köpfe sind zu viel. Es muss einer daraus werden. Sie sagen ja immer, dass man in der Phantasie zaubern kann. Das mach ich jetzt.

Th.: Das ist wirklich eine kreative Lösung. Wie ist es dann, wenn das Monster einen Kopf hat?

Pat.: Dann kann ich mir vorstellen, es ist jetzt mein Beschützer. Dann ist es nicht mehr so bedrohlich.

Th.: Schützt es Sie vor ungerechtfertigten Angriffen?

Pat.: Wie kommen Sie denn jetzt da drauf?

Th.: Mir fielen die Sätze ein, die Ihre Eltern gesagt hatten. Die waren doch oft ungerechtfertigt, oder?

Pat.: Ja, das stimmt.

Th.: Unser Ausgangspunkt waren Ihre Suizidimpulse. Wie wirkt sich das jetzt aus? Wenn da nur noch das einköpfige Monster ist, das Sie bewacht.

Pat.: Wenn es mich vor unberechtigten Angriffen schützt, wie Sie das gerade nannten, dann brauche ich doch nicht immer meine Wut gegen mich selbst zu richten. Ich kann mir dann gut vorstellen, dass es mich beschützt und dass ich wütend genug werde mit seiner Hilfe.

Th.: Sie haben so also etwas sehr Bedrohliches, ja für Sie Lebensbedrohliches, in etwas Hilfreiches verwandelt. Das finde ich toll.

Pat.: Mir gefällt es auch.

In der Folgezeit konnte mit dem Patienten auf diese Bilder, wenn er sich wieder einmal suizidal fühlte, zurückgegriffen werden.

Zuletzt will ich noch darauf hinweisen, dass es Märchen gibt, in denen sich die Helden für die bösen Gestalten zur Verfügung stellen, sodass diese von ihnen abhängig werden, d. h., hier geht es um List. Meist ist der Märchenheld zunächst hilflos, unscheinbar, dumm, so wird er auch der »Dummerjan« genannt. Es gibt ein Märchen aus Norwegen, in dem sich der Held für den bösen Riesen nützlich macht, indem er ihm die Fußnägel schneidet, was dieser selbst nicht kann. Daraufhin muss der böse Riese das Dorf des Dummerjans ungeschoren lassen.

2. Teil

Heilsamen Umgang mit dem Körper lernen

Dazu kehren wir noch einmal zu Frau Z. (s. S. 68 ff.) zurück, die ganz blass wurde und fast zu kollabieren schien.

Th.: Frau Z., bitte überzeugen Sie sich, dass Sie jetzt hier in meiner Praxis sind und dass Sie sicher sind. Darf ich Ihre Hand halten?

(Die Patientin nickt. Nachdem der Körperkontakt hergestellt ist, wird sie etwas ruhiger. Ihr Puls ist sehr klein, und die Therapeutin ist besorgt, dass die Patientin tatsächlich kollabieren könnte.)

Th.: Frau Z., können Sie sich auf Ihren Atem konzentrieren? Achten Sie darauf, dass Ihr Körper atmet. Er atmet ein, er atmet aus …

(Die Patientin folgt diesem Vorschlag, und es kehrt etwas Farbe in ihr Gesicht zurück.)

Pat.: Das hab ich öfter. Vor dem Überfall war das aber ganz weg. Früher, als junges Mädchen, hatte ich oft diese Zustände. Jetzt ist das alles wieder gekommen. Das ist wirklich eine Gemeinheit, dass es mir so schlecht geht.

Th.: Ja, da haben Sie Recht. Können Sie das in Ihrem Körper spüren, was Sie da gerade sagen, dass das gemein ist?

Pat.: Im Bauch.

Th.: Bitte spüren Sie das ganz genau mit Ihrem Bauch. Bleiben Sie mit Ihrer Aufmerksamkeit dabei … Was geschieht jetzt?

Pat.: Jetzt geht es mehr in die Arme … und in die Beine. Es ist wie so ein Kribbeln.

Th.: Das ist gut. Das ist, als kämen Ihre Lebensgeister wieder. Haben Sie ein Bild zu dem, was Sie da erleben?

Pat.: Ich weiß nicht, muss ich mir da wirklich keine Sorgen machen wegen des Kribbelns? Früher fing das immer so an, bevor ich eine Tetanie bekam.

Th.: Ich verstehe es so, dass Ihr Körper auch, als Sie die Tetanie bekamen, sich eigentlich selbst helfen wollte. Aber Sie haben ihn nicht gelassen, und dadurch konnte Ihr Körper sich dann nicht selbst richtig helfen, und Sie gerieten immer mehr in diesen unangenehmen Zustand. Wenn Sie mir zuhören können, erzähle ich Ihnen etwas von Tieren in der freien Wildbahn, was die machen, nachdem sie in eine lebensbedrohliche Situation geraten sind.

Pat.: Wieso in einer lebensbedrohlichen Situation? Ich bin doch in keiner lebensbedrohlichen Situation.

Th.: Sie haben Recht, jetzt nicht. Aber Ihre Reaktionen sehen so aus, als hätten Sie eine lebensbedrohliche Situation erlebt, die Ihnen sozusagen noch in den Knochen sitzt. Können Sie etwas damit anfangen, wenn ich das sage?

Pat.: Na ja, erstens fand ich den Überfall schon ziemlich gefährlich, der Mann hätte ja uns alle abknallen können. Und dann hab ich als Kind auch mal was Schlimmes erlebt, was lebensbedrohlich war.

Th.: Möchten Sie darüber was sagen oder ist das jetzt zu belastend?

Pat.: Heute lieber nicht. Aber erzählen Sie mir doch die Geschichte von den Tieren.

Th.: O. k. Also, Tiere, die nicht flüchten können und nicht kämpfen, was die normale Reaktion ist auf eine lebensbedrohliche Situation, die stellen sich tot. Und wenn die Bedrohung vorbei ist, dann machen sie ganz unkoordinierte Bewegungen. Aber wenn man die in Zeitlupe anschaut, dann sieht man, dass das eigentlich wie Rennen ist. Ist das nicht toll!

Pat.: Wieso machen die das?

Th.: Sie holen das Fliehen nach und danach sind sie wieder o. k. Und wir Menschen können das auch so ähnlich machen. Wenn Sie das Kribbeln spüren, nachdem Sie zuerst Angst hatten, dann ist es, als wollten sich Ihre Arme und Beine bereit machen, das Fliehen nachzuholen.

Pat.: Das wäre ja spannend, wenn das funktionieren würde. Dann müsste es mir ja hinterher besser gehen. Muss ich denn dann auch unkoordinierte Bewegungen machen?

Th.: Nein, nur Ihrem Körper erlauben, dass er wieder »lebendig« werden darf. Und das Kribbeln, das Sie spüren, das kommt mir vor wie ein Zeichen von Lebendigkeit nach der Erstarrung. Sie wissen ja, bei Angst werden wir Menschen oft ganz starr. Und Sie sahen vorher auch ganz blass aus, so als ob die Lebensgeister Sie verlassen wollten.

Pat.: Das können Sie wohl so sagen. Ich finde das interessant, was Sie mir da erzählen. Das hat mir noch keiner so erklärt. Da klingt das alles gar nicht mehr so schlimm, es klingt sogar eher so, als hätte das einen Sinn.

Th.: Ich glaube, das hat es auch, nur vertrauen wir so wenig darauf, dass der Körper und die Seele sich auch selbst helfen können. Denken Sie bitte über alles nach. Beim nächsten Mal können Sie mir erzählen, auf was für Gedanken Sie gekommen sind.

2.1 Selbstheilung, Körpergedächtnis und das Prinzip Achtsamkeit

In unserer Arbeit hat es sich bewährt, auf die Überlegungen von Peter Levine (1997) zurückzugreifen, der u. W. als erster die Zusammenhänge zwischen *Traumaheilung und Stammhirnaktivitäten* nachgewiesen hat. Levine empfiehlt, in der Behandlung von Menschen, die extrem Belastendes erlebt hatten und dabei in Schock (»freezing«) gingen, das Augenmerk auf die Notwendigkeit einer Stammhirnaktivierung zu richten. Diese Aktivierung leistet der Organismus von selbst, aber vieles, was wir tun, verhindert diesen *Selbstheilungsmechanismus.* Besonders hilfreich erlebe ich auch seine Empfehlung, beim Körpererleben zu bleiben. Angst, so meint er, sei oft nur ein »Konzept«. Durch die Konzentration auf dieses »Konzept« verstärke sich dann die Angst und deren Körperäquivalente. Leitet man die Patienten an, sich nur auf den Körper zu konzentrieren, führt das häufig – allerdings nicht immer, es kann bei eher hypochondrisch reagierenden Menschen auch den gegenteiligen Effekt haben – zu einer raschen Beruhigung.

Levines Vorgehen greift auf Gendlins (1999) Fokussing zurück. Letzten Endes verwenden beide die sehr alte buddhistische Übung des *achtsamen Wahrnehmens*, die Sie weiter oben bereits kennen gelernt haben.

Achtsamkeit gilt, u. a. in der buddhistischen Psychologie, als Weg zur Heilung. Zum Prinzip Achtsamkeit gehört auch das Prinzip Nichturteilen oder auch Nichtbewerten. Es mag einleuchten, dass unser gewohnheitsmäßiges Beurteilen/Bewerten, z. B. von Angst, diese verstärken kann. Dagegen mag ein nicht beurteilendes, achtsames Umgehen Veränderungen, die ohnehin immer im Organismus ablaufen, verstärkt ins Bewusstsein bringen. Ohne dass es sofort ausgesprochen werden muss, verstärkt achtsames Wahrnehmen auch das Vertrauen in den Körper und dessen Fähigkeit, sich zu wandeln. Im weiteren Therapieverlauf kann die Patientin dann aus ihren eigenen Erfahrungen die erforderlichen Rückschlüsse ziehen.

Wir meinen, dass eine achtsame Arbeit mit dem Körper, bei der es vor allem ums Spüren geht, die beste Form der Körperarbeit mit und für traumatisierte Menschen darstellt. Der Körper ist der Ort der Traumatisierung, d. h., wir müssen ihn mit einbeziehen. Jede Traumatherapie, die Erfolg zeitigen soll, wird Wege finden müssen, den Körper mit einzubeziehen. Leider gibt es immer noch (Körper-)Therapeuten, die ihren Patienten heftigen Schmerz und heftige Abreaktion zumuten, da sie davon ausgehen, dies sei notwendig. Dies ist nach unseren Erfahrungen und den Forschungen von Levine nicht erforderlich. Man kann den Körper sehr sanft an das Belastende heranführen, und auch dies führt zu einer Auflösung der Traumafolgen. Es ist ein Irrtum zu glauben, dass heftige Abreaktionen den Wert einer Traumatherapie bestimmen. Heute bin ich mir sicher: Je sanfter, desto besser.

Traumatisierte sollten auch die Möglichkeit haben zu erfahren, dass ihr Körper trotz aller schrecklichen Erfahrungen ein Ort der Freude ist und voller Energie. In den letzten Jahren fanden wir die Arbeit von Julie Henderson, die von der tibetischen Heilkunde beeinflusst ist, sowie die *Breema-Körperarbeit* und das *Qigong* besonders hilfreich. Alle drei Verfahren arbeiten auch mit Imagination.

Julie Hendersons Übungen sind besonders vergnüglich: Sie empfiehlt bewusstes Gähnen, Lachen, Prusten, »dumm daherreden« und vieles mehr. Auch sie betont, wie wichtig es ist, diese Übungen nur zu machen, wenn man Lust darauf hat. Der Titel ihrer Arbeit lautet bezeichnenderweise »How to feel as good as you can inspite of everything«.

2.2 Breema-Körperarbeit

Bei Breema (Schreiber, 1989) handelt es sich um eine sehr spielerische und »nicht beurteilende« (non judgemental) Art des Umgangs mit dem Körper. Breema kommt aus dem persisch-kurdischen Hochland und wird seit zwanzig Jahren in Kalifornien gelehrt, langsam breitet es sich auch in Deutschland aus.

Bei den Selbstbreema-Übungen geht es darum, den Körper durch Berührung zu »nähren«. Alle Übungen haben poetische Namen, wie z. B. »Giving to the rain«, »Giving to the sun«, »Touching the mountain« oder »Opening the heart«, die auch Bilder anregen. Sie basieren auf Erfahrungen von Menschen, die noch näher mit der

Natur verbunden sind als wir. Für unsere Arbeit mit Breema ist mir wichtig, dass Menschen mit Hilfe von Breema lernen können, sich selbst zu berühren, was für viele Traumatisierte erst einmal schwierig ist, weil sie die eigene Berührung zunächst nicht von verletzender Berührung durch andere unterscheiden. Jedoch kann es eine wichtige neue Erfahrung sein zu lernen, dass diese Selbstberührung wohltuend ist. Da es sich bei den Übungen um klar strukturierte Formen handelt, die einen Anfang und ein Ende haben, macht es dies vielen leichter, wieder damit zu beginnen, sich zu berühren.

Um den Leserinnen und Lesern einen Geschmack von dieser Arbeit zu vermitteln, die hierzulande noch viel unbekannter ist als das Qigong, sollen hier zwei Übungen vorgestellt werden.

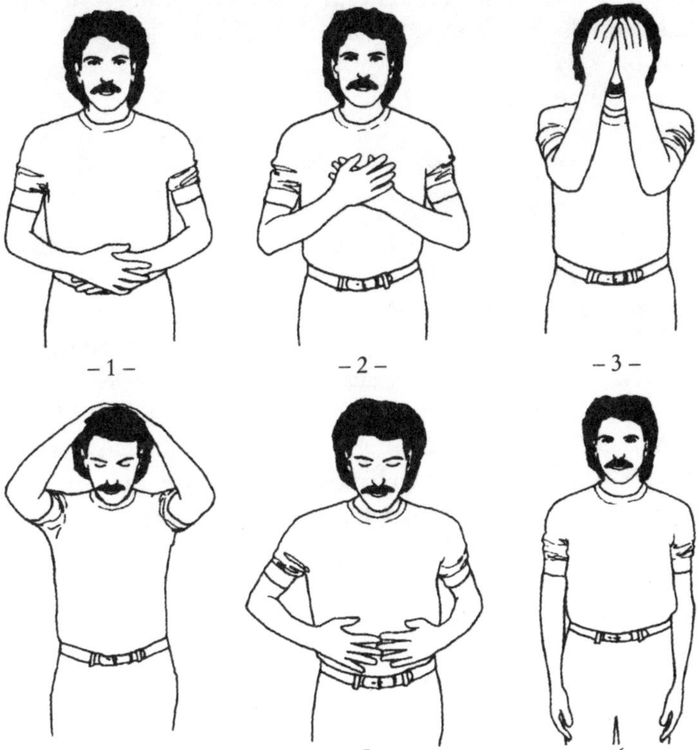

Den Berg berühren

*Den Berg berühren**

- Stehen Sie bequem, die Fersen geschlossen.
- Legen Sie die linke Hand auf das Hara und die rechte auf die linke. (1)
- Halten Sie diese Stellung drei ganze Atemzüge lang. (2)
- Lassen Sie die Hände die Brust hinauf bis auf Herzhöhe wandern und halten Sie diese Stellung drei Atemzüge lang.
- Lassen Sie die Hände weiter die Brust hinauf und vor das Gesicht wandern (ohne es jedoch zu berühren). Dabei bedecken die Handflächen die Augen (die dazu geschlossen werden). Die Finger ruhen entspannt an der Stirn. (3)
- Halten Sie diese Stellung drei Atemzüge lang.
- Lassen Sie die Hände unter leichter Berührung die Stirn hinauf, über den Kopf, über Hinterkopf und Nacken, über die Brust und den Bauch wandern, bis sie an den Seiten zur Ruhe kommen. (4, 5, 6)
- Stehen Sie bequem.

Das Herz öffnen

- Stehen Sie bequem.
- Legen Sie die Handflächen aufeinander und verschränken Sie die Finger. Die Daumen zeigen gerade von Ihnen fort. (1)
- Strecken Sie beim Einatmen die Arme nach vorn, wodurch ein Ziehen in der Schulter und zwischen den Schulterblättern entsteht. (2) Wenn die Arme ausgestreckt sind, drehen Sie die Hände, so dass die Handflächen nach außen zeigen und Sie die Handrücken sehen können. Hierdurch entsteht ein zusätzliches Ziehen in den Handgelenken und Fingerknöcheln. Diese Bewegung geschieht fließend, sobald die Arme ausgestreckt sind. (3)
- Führen Sie die Hände beim Ausatmen zur Brust (die Handflächen weisen zur Decke). Senken Sie die Ellenbogen, damit ein Ziehen in den Fingerknöcheln entsteht (die Finger bleiben verschränkt). Die Brust wird weit und der Kopf nach hinten gestreckt. (4)

---

* Von Teresa Junek übersetzt aus: Jon Schreiber, Touching the mountain. the Self-Breema Handbook. California Health Publications, Oakland, California

– 1 –

– 2 –

– 3 –

– 4 –

– 5 –

– 6 –

– 7 –

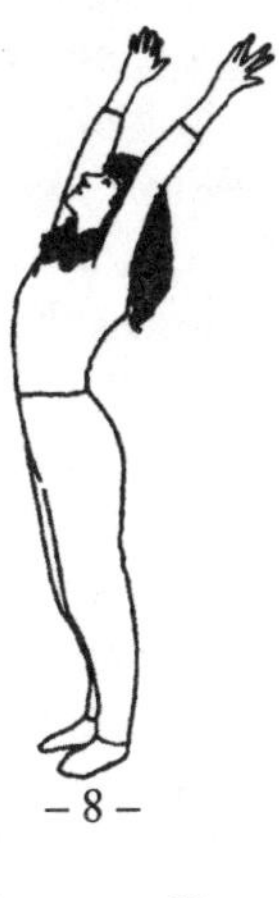

– 8 –

– 9 –

Das Herz öffnen

- Wiederholen Sie diese Bewegungen noch zweimal während Sie ein- und ausatmen.
- Nach dem dritten Ausatmen drehen Sie die Handflächen wieder zu sich und berühren die Brust auf Herzhöhe. Lassen Sie die Hände bei leichter Berührung hinunter zum Hara, nach hinten zu den Nieren, über die Beinrückseite bis zu den Zehen und die Beinvorderseite wieder hinauf bis zum Hara wandern. Dann die Hände ruckartig nach oben über den Kopf werfen. Mit nach außen zeigenden Handflächen seitwärts sinken lassen, bis die Arme an den Seiten zur Ruhe kommen. (5–9)

2.3 Weitere Körperübungen

Weiter oben habe ich schon einige Übungen vorgestellt, bei denen man den Körper achtsam wahrnimmt oder in der Imagination mit Licht »berührt«. Auch diese Übungen gehören zu einem neuen heilsameren Umgang mit dem Körper. Insbesondere Übungen, bei denen man sich vorstellt, Licht in einer gewünschten Farbe durch den Körper zu leiten, sind sehr zu empfehlen. Man kann für verschiedene Gelegenheiten verschiedene Farben wählen. Orientieren Sie sich dabei an Ihrem Empfinden und nicht an irgendwelchen fremden Empfehlungen. Es gibt keine festen Regeln, was eine bestimmte Farbe bedeutet. Hier im Westen sind neuerdings die Farben, die den Chakren zugeordnet werden, fast wie Dogmen im Umlauf. Aber diese Chakrafarben werden in verschiedenen Kulturen verschieden gedeutet. Besser ist es, sich auf die eigenen Erfahrungen zu verlassen und sich auch zu erlauben, dass sich diese Dinge ändern. Wählen Sie also Farben für Heilung, für Freude, für Frieden, ganz nach Ihrem jeweiligen Empfinden.
Eine weitere Form des liebevollen Umgangs mit dem Körper ist die Aromatherapie. Ich will hier nicht ausführlich darauf eingehen, da es sehr viele Bücher zu diesem Thema gibt, in denen man die wesentlichen Prinzipien nachlesen kann. Bemerkenswert finde ich, dass die neuere Gehirnforschung sehr stark den Wert von Geruchsstimulation betont und dass Gerüche uns helfen können, etwas Neues zu lernen. Genau darum geht es in der Therapie. Lernen, dass heute ein anderer Tag mit neuen Chancen ist.

Häufig ist der Körper der Ort von Schmerzen. Dann können Imaginationen ebenfalls hilfreich sein. Z. B. können Sie sich vorstellen, dass Sie ein Licht in einer Farbe, die für Ihren Körper Linderung und Heilung bedeutet, durch den Körper lenken. Oder Sie stellen sich ein Licht vor, das Sie durch den Körper lenken in einer Farbe, die für Sie Kühle oder Wärme bedeutet, je nachdem. Dabei gehen Schmerzen dann oft vorübergehend zurück. Auch hier ist wieder die wichtige Botschaft: Ich kann etwas tun, ich bin nicht hilflos.

2.4 Qigong
(Veronika Engl)

Seit Ende der 70er Jahre ist Qigong – traditionelle Übungsmethoden nach den Konzepten der chinesischen Heilkunde – in Europa und USA als Therapie und Trainingsmethode sehr bekannt und beliebt geworden. Aber Qigong ist in den westlichen Ländern nicht neu. Seit 1779 gibt es Veröffentlichungen dazu. Möglicherweise sind diese auch den »Vätern« der bei uns inzwischen üblichen Entspannungs- und Behandlungsmethoden wie z. B. dem Autogenen Training, der progressiven Muskelentspannung, der Eurhythmie und der Feldenkrais-Methode bekannt gewesen, jedenfalls legen gewisse Ähnlichkeiten mit verschiedenen Aspekten des Qigong diese Annahme nahe. Bekannt war Qigong sicherlich auch C. G. Jung, der sich mit asiatischer Medizin und Philosophie gründlich auseinander gesetzt hat.
Schriftliche Hinweise in China, z. B. im Huangdi neijing (»Innerer Klassiker des Gelben Ahnherrn«), und archäologische Funde belegen, dass Übungen, die heutzutage unter dem Begriff Qigong zusammengefasst werden, dort seit ca. 3000 Jahren angewandt werden. Möglicherweise wurzelt Qigong auch in Tänzen und Tierimitationen der Vorzeit, mit denen Krankheiten und Unheil abgewendet werden sollten. Im Laufe der jahrtausendealten Geschichte von Qigong hat sich eine Kultur und Wissenschaft der Pflege des Lebens und der Gesundheit mit Hilfe von körperlichen Übungen entwickelt, die als Erfahrungswissenschaft auf den genauen Beobachtungen und Beschreibungen unzähliger Übender und Lehrender gründet und im Laufe der Jahrtausende durch verschiedene

Theoriesysteme beeinflusst und bereichert wurde, z. B. durch den Taoismus, den Konfuzianismus, Buddhismus und die traditionelle chinesische Medizin.
Qigong hat nicht nur enge Bezüge zur traditionellen chinesischen Medizin (neben Akupunktur, Moxibustion, Heilmassage und Pharmakotherapie durch Heilkräuter), sondern auch zu Theorie und Praxis anderer Fachgebiete wie z. B. den Kampfkünsten, der Philosophie, Religionswissenschaft, Informatik, Physiologie.
Im heutigen China hat Qigong und seine Anwendung eine sehr bewegte Geschichte. Zeitweise als Aberglaube und irrationale veraltete Methode abgelehnt, bekämpft und verboten, erlebte es immer wieder Phasen von Wertschätzung und Versuche, es von seinen »irrationalen«, philosophischen, esoterischen oder religiösen Elementen zu befreien. Seit Jahren erlebt es eine Renaissance, und seine Prinzipien und Wirkungsweisen werden seit den 70er Jahren systematisch erforscht. In vielen Krankenhäusern ist es fester Bestandteil des Behandlungsplanes und hat sich besonders bewährt in der Rehabilitation nach Krebserkrankung, Schlaganfällen, Operationen und Unfällen, zur Begleitung einer Chemotherapie und bei der Behandlung chronischer und psychosomatischer Krankheiten, z. B. Ulcusleiden und Asthma. Außerdem ist Qigong ein unübersehbarer Teil des öffentlichen Lebens. In jeder Grünanlage kann man Qigong- und Tai-Chi-Übenden begegnen, daneben aber auch Walzer- oder Tango-Tänzern, wie bei uns Joggern.
In unserer Klinik besteht schon lange ein Interesse an der Arbeit mit Qigong, und erste Erfahrungen damit konnten wir bereits 1989 durch die Mitarbeit von Frau Dr. med. Josephine Zöller in unserer Klinik machen. Qigong fand bei den Patientinnen und Patienten damals großen Anklang und führte bei regelmäßigem Üben auch zu einer deutlichen Beschwerdebesserung.
Aus unserer Sicht handelt es sich bei Qigong um eine ganz moderne Therapie, nämlich eine systemtheoretisch fundierte Körpertherapie. Der Organismus, als Leib-Seele-Geist-Einheit, wird im Qigong als autopoetisches System begriffen und Gesundheit nicht als ein fester Besitz betrachtet, den es festzuhalten oder wiederzugewinnen gilt, sondern als ständiger Prozess, den der Organismus selbst aus eigenem Interesse in Gang zu halten versucht.

Diese Sichtweise betrifft natürlich nicht nur Qigong, sondern die ganze traditionelle chinesische Medizin und findet ihren Ausdruck z. B. in der Lehre von Yin und Yang und der Lehre von den Entsprechungen der fünf Wandlungsphasen, was hier nicht weiter ausgeführt werden kann.

Qigong kann im weitesten Sinne als Arbeit mit den Selbstheilungskräften des Organismus verstanden werden, und Aufgabe der Therapie, auch des Übens von Qigong, ist es, den Prozess Heilung zu unterstützen.

Qigong bedeutet in unsere Sprache übersetzt etwa »beharrliches Üben des Qi«. Der chinesische Begriff »Qi« hat ein breites Bedeutungsspektrum. In der westlichen Literatur gibt es etwa 200 Übersetzungen dafür, z. B. »Atem, Luft, Wind, Flammen, Dampf, Odem, Lebenskraft, Pneuma, Vitalität, Lebendigkeit, Esprit, Energie«. In der Medizin hat man sich allgemein auf die Bedeutung »Lebensenergie« geeinigt.

Bezogen auf den lebendigen Organismus versteht man heute unter Qi die Gesamtheit aller psychischen, biochemischen und physiologischen Vorgänge im Organismus. Es hat mit Lebendigkeit zu tun und damit auch mit den Lebensprozessen. Es schafft die Verbindungen zwischen dem »Geist« (besser den gesamten Funktionen des Bewussten und Unbewussten) und dem materiellen Körper mit seinem Potenzial an materiellen Prozessen (z. B. dem Auf- und Abbau der Proteine). Qi muss nach Auffassung der traditionellen chinesischen Medizin ungestört durch den Organismus fließen können, damit er gesund bleiben kann. Die traditionelle chinesische Medizin beschreibt ein Netz von Leitbahnen, in denen Qi (bewegender Aspekt) und Blut (nährender Aspekt) fließen. Der Fluss des Qi kann gefördert, geleitet und beeinflusst werden, und eine der Methoden dazu ist Qigong.

Die Sichtweise der traditionellen chinesischen Medizin ist natürlich eine Modellvorstellung von Lebensprozessen wie andere auch und übrigens viel differenzierter, als hier dargestellt werden kann. Es ist aber nicht notwendig, diese Modellvorstellung zu übernehmen, um die Wirkungen von Qigong zu nutzen. Qigong-Übungen, die uns heute zur Verfügung stehen, beruhen auf den genauen Beobachtungen und Beschreibungen von unzähligen Menschen in langer Tradition, die die Wirkungen des Qigong erfahren und sie teilweise subtil dokumentiert haben. Es werden Zusammenhänge zwischen den Faktoren des Qigong, nämlich Vorstellung (Imagination), Bewegung, Atem und der Lebensenergie und ihren Auswirkungen auf den Organismus beschrieben. Bei regelmäßiger und regelrechter Anwendung der Methode können bestimmte Wirkungen erwartet werden, wie z. B. die Wärmeempfindung beim autogenen Training erwartet werden kann. Stiefvater erwähnt als einfaches und einleuchtendes Beispiel die Beobachtung der Zusammenhänge zwischen Atem und Affekten, die einander beeinflussen. Als die sieben inneren Krankheitsursachen werden in der traditionellen chinesischen Medizin denn auch die Emotionen (Freude, Wut, Sorge, Schwermut, Kummer, Angst und Schrecken), wenn sie im Übermaß vorhanden sind, genannt; Emotionen, die schwer traumatisierte Menschen immer wieder belasten können.

Klinische Anwendung

Wir arbeiten in unserer Klinik nach der Methode des Qigong-Yangsheng, wie sie in Deutschland von Jiao Guorui gelehrt wurde. Diese hat engen Bezug zur chinesischen Heilkunde und heißt in etwa »Üben des Qi zur Pflege des Lebens«.

Dabei handelt es sich um eine ausgesprochen sanfte, behutsame und gleichzeitig kraftvolle Körpertherapie, die den Bedürfnissen unserer Patientinnen und Patienten angepasst werden kann. Die Übungen können abhängig vom individuellen Kräftezustand im Liegen, Sitzen, Stehen und Gehen ausgeführt werden, die Wirksamkeit der Übungen bleibt erhalten.

Wir verwenden vorzugsweise die folgenden Übungen: die »8 Brokate«, »15 Ausdrucksformen des Taiji Qigong« und das »Spiel der 5 Tiere«.

Jede Übung besteht aus Haltungen und Bewegungen und beginnt mit einem geleiteten, einfachen Vorstellungsbild aus der Natur oder dem Alltag, wie z. B. einem Baum, Vogel oder Ball. Die Wahl des Vorstellungsbildes ist von entscheidender Bedeutung für die Wirkung der Übung. Grundsätzlich werden Vorstellungen benutzt, die angenehme Empfindungen auslösen. Auch soll die Vorstellung nicht zu exakt oder zu penibel sein, sondern nur »ungefähr genau so wie ...«. Damit wird auf vorhandene Ressourcen in der Vorstellung der Übenden zurückgegriffen und nicht einfach »positives Denken« suggeriert.

Geübt wird also zuerst die Konzentration auf eine Imagination mit Hilfe der Vorstellungskraft, wie es für unser gesamtes Konzept von großer Bedeutung ist. Die Vorstellung wird in körperliche Bewegung umgesetzt, Atem und Qi folgen der Bewegung von selber, es werden keine direkten Anleitungen zum Atmen gegeben. Der Aspekt des Atems, der in Qigong ja wichtig ist, wird deshalb nicht direkt angesprochen, weil das Atmen dann leicht verkrampft oder unnatürlich werden kann.
Während der Ausführung der Übung wird auch der eigene Körper immer wieder wahrgenommen, d. h., die Aufmerksamkeit der Übenden richtet sich einerseits auf die Imagination, andererseits auf den eigenen Körper, der die Bewegung entsprechend ausführt. Es soll darauf geachtet werden, dass weder die Vorstellung zu intensiv wird noch die Bewegungen »leer« bleiben. Dadurch kommt es automatisch zu einem Pendeln oder Oszillieren der Aufmerksamkeit zwischen der Imagination des Bildes und dem eigenen Körper.
Die Körperbewegungen gehen von der Mitte aus, und viele Haltungen sind konzentrisch und ausgewogen. Das erleichtert die Konzentration, das »In die Mitte Gehen«, um das man sich nicht gezielt bemüht, sondern das sozusagen »nebenbei« auftritt. Die Gedanken wandern natürlich auch bei diesen Übungen zu anderen Dingen, sie werden aber durch die Bewegungen und Imaginationen immer wieder zum Körper zurückgeholt. Wie auch bei anderen Übungen stellt sich beim regelmäßigen Üben von Qigong sehr bald die Entspannungsreaktion auf natürliche und sanfte Weise ein, gleichzeitig führt das Üben aber auch zu einer Zunahme von Kraft und Ausdauer. Beide Komponenten können das Wohlbefinden deutlich steigern.

Übungs-Setting

Wir üben Qigong in Gruppen von 10–20 Teilnehmern, und das erleichtert sowohl das Erlernen der Körperbewegungen als auch der Vorstellungsbilder. Die Therapeutin zeigt die äußere Form der jeweiligen Übung und kann die Teilnehmerinnen begleiten und unterstützen, indem sie selber übt. Jede Übende nutzt die eigene Beobachtung und richtet sich nach der eigenen Wahrnehmung, um die eigene Haltung nach ihren individuellen Erfordernissen ändern zu können. Das richtige Maß für die Übung und die dem eigenen Körper angemessene Bewegung muss jede Teilnehmerin für sich selbst herausfinden, nicht die Therapeutin. Denn Qigong ist eine Selbstbehandlungsmethode, d. h., es wird nicht verordnet oder verabreicht, sondern selbst erarbeitet. Eigenaktivität, Eigenständigkeit, Selbstverantwortung können gefördert, Wahlmöglichkeiten erweitert und die Fähigkeit, Selbstheilungskräfte zu mobilisieren, aktiviert werden. Durch ihr eigenes Üben, die eigene Haltung und Einstellung und Erklärungen kann die Therapeutin die Übenden darin unterstützen, die grundlegenden Prinzipien der Qigong-Übungen zu erfahren und zu beachten. Das sind nach Jiao Guorui die folgenden:

Entspannung, Ruhe, Natürlichkeit,
Vorstellungskraft, Bewegung, Atem und Qi folgen einander,
Bewegung und Ruhe gehören zusammen,
obere Leichtigkeit – untere Stabilität,
das richtige Maß,
Schritt für Schritt üben.

Diese Grundsätze sind leicht erfahrbar und nachvollziehbar und geben gewisse grobe Richtlinien vor für die innere und äußere Haltung beim Üben. Maßgeblich dabei sind wieder die eigene Beobachtung und Wahrnehmung des eigenen Körpers, des eigenen Denkens, der eigenen Haltung. D. h., auch dadurch werden die Gedanken wieder in den Körper gelenkt und hierdurch die Sensibilität für angenehme Haltungen und Bewegungen, für Lockerung oder Anspannung, für Erschlaffung oder Erstarren, für innere Unruhe oder Beruhigung, für Schwere oder Leichtigkeit, für Schmerz oder Wohlbefinden gefördert und geschult.

Mit der Zeit merken die Übenden, wann sie sich beim Üben und nachher wohl fühlen, und richten ihre Übungsintensität und das Übungstempo danach aus. So wird es ein Erfolg sein, auch wenn man merkt, dass das richtige Maß für das eigene Üben vielleicht nur zwei Minuten beträgt.

Das Wohlfühlen soll auch durch die Umgebung gefördert werden, daher findet Qigong in einem ruhigen, hellen und wohl temperierten Raum oder im Sommer draußen an der frischen Luft statt.

Erklärungsmodelle für Wirkmechanismen von Qigong

Bestandteil der meisten Qigong-Übungen ist der feste Stand oder der stabile Kontakt (im Liegen, Sitzen, Stehen oder Gehen) zur Erde. Die Haltung ermöglicht eine optimale Entspannung der Wirbelsäule und freie Beweglichkeit des Kopfes. Während die Aufmerksamkeit immer wieder in die Mitte gelenkt wird und bei langer Übungspraxis auch dort bewahrt werden kann, entsteht durch die Vorstellung und die Bewegungen wie von selbst ein eigener sanfter Rhythmus. Er findet sich im ständigen Wechsel zwischen öffnenden und schließenden, steigenden und sinkenden Bewegungen im ständigen Wechsel zwischen Ruhe und Bewegung, im Hin- und Herwandern der Vorstellung zwischen Mitte und Peripherie, Konzentration und Abschweifen, er findet sich im Ein- und Ausatmen. Dieser Rhythmus spiegelt die Bewegungen im Organismus wider, in dem auch ständiges Pulsieren, Atmen, Entspannen und Anspannen, Öffnen und Schließen, Steigen und Sinken, Schwellen und Schrumpfen und andere rhythmische Vorgänge stattfinden, aus denen das Leben besteht. Man könnte von Bio-Feedback durch die Körperbewegungen sprechen.

Die Bewegungen erfassen immer den ganzen Körper und so kommt es nicht zu einseitiger Überbeanspruchung und Verkrampfung. Die Haltung und die sanften rhythmischen Bewegungen führen dazu, dass eine Lockerung der Muskulatur bei gleichzeitiger innerer Festigkeit stattfinden kann. Es entsteht meist eine wohltuende Entspannung und Lockerung von Körper und Geist, die nichts mit Erschlaffung zu tun hat. Und wie die Gedanken bewegen sich auch die Emotionen. Angst oder Wut z. B. kommt vielleicht hoch, kann aber auch wieder vergehen.

Dies zu bemerken, ist für traumatisierte Menschen allein schon wichtig, dass sich etwas ändert, abnimmt oder zunimmt, je nachdem, wie man sich bewegt, atmet, denkt.

Ein weiterer heilsamer Faktor, der noch erforscht werden müsste, könnte auch die Art des Körperbildes sein.

Beim Üben des Qigong stellt man sich den Körper und die Organe nicht in ihrer genauen anatomischen Realität vor, sondern die Vorstellung vom Körper bleibt genau wie die Imagination, die die Bewegungen leitet, vage. Die Aufmerksamkeit richtet sich u.a. auf Bezirke wie die Mitte (im mittleren »Zinnoberfeld«), die »Zinnoberfelder«, die »Nierenpunkte«, das »Tor des Lebens«, die Punkte »Sprudelnde Quelle«. Erich und Ilse Stiefvater schreiben dazu: »Das Unbewusste scheint andere bildliche Vorstellungen vom Körper zu haben als das Bewusstsein.«

Während der Qigong-Übungen wird dem Unbewussten mehr Raum gegeben, und zwar einerseits durch die Entspannungsreaktion, das sensomotorische Lernen und die ruhigen, sanften und spielerischen Bewegungsfolgen und andererseits möglicherweise durch die unmittelbare Hinwendung zu anderen Körperbildern. Damit werden die Möglichkeiten für die Entfaltung von Selbstheilungskräften erweitert. Diese Körperbilder stammen aus viel älteren und früheren Entwicklungsphasen – sowohl menschheitsgeschichtlich als auch lebensgeschichtlich betrachtet – als das Körperbild, was normalerweise im Alltag vorhanden ist.

Mit den anderen Entwicklungsphasen sind auch andere Körpererfahrungen verbunden und dies könnte bedeuten, dass traumatisierte Personen durch Qigong Zugang zu Zuständen bekommen können, die weit vor der erlittenen Traumatisierung bestanden haben und die sie auch andere Lösungen finden lassen.

Die Forschungen von Bessel A. van der Kolk deuten darauf hin, dass es durch Traumatisierungen zu Blockaden der linkshemisphärischen Zentren kommt, die z. B. zuständig sind für die Verbalisierung als einem Verarbeitungsweg, der uns normalerweise zur Verfügung steht.

Aus dieser Sicht wäre Qigong ein möglicher Weg, unter Umgehung der blockierten Strukturen Informationen weiterzuleiten und zu gewinnen. Damit wäre es ein mögliches Element der notwendigen »neuen Sprache« in der Therapie traumatisierter Menschen.

Sicher wurde Qigong seit Beginn seiner Geschichte auch zur Behandlung von traumatisierten Menschen eingesetzt, denn traumatischen Erfahrungen sind Menschen von jeher ausgesetzt gewesen. Vielleicht finden wir daher in Qigong viele Übungen, die uns heute in der Traumatherapie ganz modern erscheinen. So gibt es z. B. Parallelen zu EMDR. Bei der Übung »Auf die 5 Kümmernisse und 7 Betrübnisse zurückblicken und sie hinter sich lassen« wandern die Augen 12- bis 72-mal auf einer Ebene in Augenhöhe abwechselnd nach links und rechts. Die Bewegungen sind zwar

langsamer als bei EMDR, aber zumindest der Name deutet an, dass es um die Verarbeitung belastender Einflüsse geht.
Die vorsichtige, achtsame Beobachtung der inneren und äußeren Bewegungen und Impulse sowie die Anleitung, diese zu steuern, wie sie im Qigong geübt wird, erinnert auch an die Methode der Trauma-Arbeit von Peter Levine (Somatic Experiencing).

Qigong in der Klinik

Zur Zeit üben zwei Gruppen in der Klinik in Bielefeld regelmäßig Qigong. Die eine ist eine Frauengruppe und übt jeden Morgen 45 Minuten, die andere ist eine gemischtgeschlechtliche Gruppe und übt viermal wöchentlich nachmittags zum Therapieabschluss 45 Minuten.
Die meisten unserer Patientinnen und Patienten haben Gefühle wie Wut, Hass, Zorn, Trauer, Freude, Lust, Sehnsucht etc. aus ihren Wahrnehmungen abgespalten. Sie fühlen sich wenig lebendig, oft wie taub oder tot oder spüren ihren Körper gar nicht. Viele verletzen sich selbst, um überhaupt zu fühlen, dass sie noch leben. Sie leiden an diffusen Ängsten, Schlafstörungen, ständigen Schmerzen in Rücken, Kopf, Gelenken und Bauch, an Schwindel, Herzjagen und Herzschmerzen, Übelkeit und Kreislaufstörungen u. v. m. Sie haben oft wenig oder keine Hoffnungen darauf, dass sie ihren Körper anders wahrnehmen, dass sie sich tatsächlich in ihm wohl fühlen können. Verspannungen, Verkrampfungen, Fehlhaltungen, Schmerzen und Selbstverletzungen halten die Erinnerungen an alte Schmerzen und Schrecken in ihrem Körper fest und halten sie vor neuen Erfahrungen zurück.
Umso überraschender ist es für diese Menschen, wenn sie merken, dass durch Qigong etwas in ihnen in Bewegung gerät, lebendig wird. Manche spüren das schon nach kurzer Übungszeit, andere brauchen bis zu drei Wochen dazu, und viele reagieren zunächst mit vermehrten Ängsten, wenn sie merken, dass etwas »geschieht«. Einige ziehen sich für eine Weile zurück, andere bekommen verstärkte körperliche Symptome, Zittern am ganzen Körper und manche sagen z. B. »es kommt etwas hoch in mir, und ich habe Angst davor«. Wir ermutigen die Patienten dann dazu, auf sich zu achten und für eine Weile nur körperlich anwesend zu sein, dabei aber das Üben zu beobachten. Meist beruhigen sie sich

bald wieder, wenn sie merken, dass nichts Schlimmes passiert und dass sie das, was passiert, kontrollieren können.
Die feste Struktur der Übungen und die Symmetrie der Bewegungen wirken sich wie ein Geländer aus, das den Patientinnen Halt gibt. Während der Übungen entsteht ein Klima von Ruhe und Ausgeglichenheit. Lebenszeichen in Form von Tränen, Husten, Gähnen, Niesen, Lachen, Darmgeräuschen und manchmal auch, für andere hörbar, knackende Gelenke und Schluckauf treten häufig auf. Auch zeigen sich mit zunehmender Übungspraxis andere Phänomene wie Jucken, Kribbeln, Taubheitsgefühle, Schmerzen, Pulsieren, Wärme, Kältegefühle und Schweißausbrüche. Über diese Erscheinungen sprechen wir in der Gruppe. Wenn sie als angenehm empfunden werden, lernen die Patienten, sie zuzulassen. Nehmen sie sie als unangenehm wahr, versuchen wir, durch kleine Haltungs- oder Bewegungsänderungen Abhilfe zu schaffen.
So lernen die Patientinnen in winzigen Schritten, auf Äußerungen ihres Körpers zu achten und sich ein wenig danach zu richten. Das ist für viele sehr schwer, denn sie haben in ihrem Leben das Durchhalten, Aushalten, Ertragen gelernt. Sich anders zu verhalten ist jedesmal eine kleine persönliche Revolution. Auch Übungen, die mit viel Bewegung verbunden sind, wie z. B. aus dem »Spiel der fünf Tiere«, finden großen Anklang, vielleicht, weil sie den spielerischen Umgang mit den Emotionen, die, wie schon erwähnt, laut TCM zu den inneren Krankheitsursachen gehören, erlauben.
Für viele Patienten ist es eine neue Erfahrung, dass man »negative« Gefühle wie z. B. Wut, Zorn, Angst oder Trauer nicht wegschaffen oder abschalten muss, sondern durch z. B. Gelassenheit, Stolz, Stärke, Schönheit, Eleganz und Glück – »wilde Seiten der fünf Tiere« – ausgleichen oder ergänzen kann. Nach dem Üben fühlen viele Patientinnen sich frischer, lebendiger und zufriedener. Ängste, innere Unruhe und Schmerzen treten oft zurück.
Aufgrund ihrer Lebensgeschichte beobachten die Patienten sehr scharf. Sie waren oft darauf angewiesen, andere genau und wachsam zu beobachten, um vielleicht Gefahren zu vermeiden. Die Beobachtungsschärfe kommt ihnen beim Qigong zugute, denn sie lernen die äußere Form der Übungen in der Regel sehr schnell. Neue Patientinnen können jederzeit zur Gruppe kommen, da die Übungen immer wiederholt werden. Das gibt den Patientinnen

mit langer Übungspraxis gleichzeitig Gelegenheit, ihre Übungen zu vertiefen und andere Aspekte des Qigong wahrzunehmen.
Patienten mit längerer Übungspraxis helfen den Neuen beim anfänglichen Üben, auch in der Zeit außerhalb der Gruppe. Sehr selten gibt es Patientinnen, die keinen Zugang zum Qigong finden. Diese können alternativ andere Angebote wahrnehmen.
Aufgrund der lebensgeschichtlichen Erfahrungen der Patienten vermeiden wir jegliche bewertende Kommentierung oder Korrektur der Übungen, und wir überlassen es jeder Einzelnen, die Übungen nach ihrem eigenen Tempo und Maß zu erlernen. Jahrelange Erfahrungen haben uns gezeigt, dass nahezu alle Patientinnen früher oder später die Übungen so ausführen, wie sie für sie richtig sind. Den Körper und seine inneren und äußeren Bewegungen achtsam wahrzunehmen und regelmäßig zu üben, bietet die Möglichkeit einer neuen Erfahrung von der eigenen Mitte, von innerem Gleichgewicht, von innerer Aufrichtung, Gelassenheit und Ruhe, auch wenn dies anfänglich vielleicht nur für Minuten zu spüren ist.
Die Erfahrungen, selbst etwas zur eigenen Heilung beizutragen und damit mehr Eigenverantwortung und Eigensteuerung zu übernehmen, stärkt das Bewusstsein für die eigene Kraft und Kompetenz. Zudem ist Qigong eine Erfahrung, die die Patientinnen und Patienten aus der Klinik mit nach Hause nehmen und dort weiter nutzen können.
Nicht zuletzt ist Qigong eine Ressource für Psychohygiene, Stärkung und Stabilisierung für alle, die mit traumatisierten Menschen arbeiten.
Zum Abschluss möchte ich die Wirkung von Qigong zusammenfassen mit Hilfe des aus der Philosophie stammenden chinesischen Begriffes »Shu«. Der Maler Wang-Yang-Ming hat das so ausgedrückt: »Es gibt für den einzelnen Menschen zwei Wirklichkeiten, eine lebendige und eine tote. Worauf wir nicht in Liebe zugehen, bleibt für uns ein Land des Todes. Wir müssen uns also zur Welt (der inneren und äußeren) in Beziehung setzen.« Sich in Beziehung setzen heißt »Shu«, und zwar im Sinne eines täglichen nachahmenden Übens oder auch im Sinne von »darauf herumkauen« oder »etwas regelmäßig begießen«.
Wir wollen an dieser Stelle der Leserin/dem Leser empfehlen, unsere Ausführungen wiederum als Anregung zu nehmen, selbst zu

erkunden, welche Form von Körperarbeit in der eigenen psychotherapeutischen Praxis und im Umgang mit dem eigenen Körper i. S. einer Psychohygiene für ihn/sie unterstützend sein kann. Nach unserer Erfahrung kann man auf Dauer Psychotherapie mit traumatisierten Menschen ohne Einbeziehung des Körpers nicht angemessen betreiben.

3. Teil

Dem Schrecken begegnen

3.1 Vorbereitung

Voraussetzung für Traumakonfrontation ist, dass jemand ausreichende Sicherheit zur Verfügung hat. Und zwar Sicherheit in der Beziehung oder den Beziehungen zur Außenwelt, Sicherheit in der Beziehung zur Therapeutin und in der Beziehung zu sich selbst.

Sicherheit in der Beziehung zur Außenwelt bedeutet, es darf keine Täterkontakte mehr geben. Gibt es sie, ist eine Traumakonfrontation sinnlos und eventuell sogar gefährlich. Es ist wichtig, aufrichtig zu klären, ob jemand weit genug weg ist von denen, die ihm/ihr schwer geschadet haben. Als Therapeutin/Therapeut sollten Sie wissen, dass Menschen mit Täterkontakt ihre Dissoziationsfähigkeit oft brauchen, um zu überleben. Diese wird aber durch Trauma-konfrontierende Arbeit geschwächt oder sogar aufgehoben. Dann ist keine Therapie manchmal besser als Therapie. Therapie bei Täterkontakt kann daher nur bedeuten, Erlangung äußerer Sicherheit zu erarbeiten, unterstützt von mehr innerer Sicherheit, d. h. mehr Sicherheit im Umgang mit sich selbst.

In der Regel ist es nützlich anzuerkennen, dass es einen Teil gibt, der schnell alles hinter sich bringen will, dass es aber mit Sicherheit andere Teile gibt, die man an diesem oder jenem erkennen kann, die noch nicht so weit sind. Und dass für eine glückende Traumakonfrontation alle Teile bereit sein müssen.

Sicherheit in der Beziehung zum Therapeuten sollte eine selbstverständliche Voraussetzung sein. Ich empfehle, dies vor dem Beginn einer Trauma-konfrontierenden Arbeit dennoch explizit noch einmal zu klären. »Fühlen Sie sich mit mir jetzt genügend sicher, dass wir diese Arbeit zusammen machen? Was brauchen Sie, um sich hier mit mir ganz sicher zu fühlen?« und ähnliche Fragen können unterstützend wirken. Es ist wichtig zu bedenken, dass Menschen, die Opfer sexualisierter Gewalt waren, eine Tendenz haben, zu

schnell und ohne ihre eigene Sicherheit zu prüfen, ja zu sagen. Besser, die Therapeutin zieht die »Neins« mit in Erwägung, als dass sie sich dann später störend in die Arbeit einmischen. Solange die Traumata nicht bearbeitet werden konnten, bleiben Trauma assoziierte Verhaltensweisen als Schutzmechanismen bestehen. Sich nicht wehren ist ein Schutzmechanismus, der in der traumatischen Situation sinnvoll war, d. h., der Therapeut sollte dies auch entsprechend würdigen und dennoch darauf hinweisen, dass es jetzt anders ist und klare Absprachen nötig und erwünscht sind. Wenn eine Patientin viele Sitzungen hindurch bereits erfahren hat, dass ihre Wünsche und Vorstellungen respektiert werden, dürfte die Therapeutin bereits genügend glaubwürdig geworden sein.
Eine wichtige Voraussetzung für Trauma-konfrontierende Arbeit ist, dass der Therapeut entsprechend weitergebildet ist. Eine reguläre therapeutische Weiterbildung – auch in einem anerkannten Verfahren – reicht dafür nicht aus. Bis heute sehen die Curricula zur Weiterbildung in Psychotherapie keine speziellen Inhalte zur Psychotraumatologie vor. Patientinnen und Patienten sollten daher ihre Therapeutinnen und Therapeuten fragen dürfen, ob diese entsprechend fort- oder weitergebildet sind. Therapeuten, die Traumakonfrontation durchführen, müssen über dissoziatives Verhalten und wie man mit diesem umgeht Bescheid wissen. Andernfalls ist Traumakonfrontation für die Patientin eine riskante Angelegenheit, wie das Fallbeispiel zeigt:

Frau A. wird notfallmäßig vorgestellt von einem psychiatrischen Kollegen. Die Patientin leidet unter Flash-backs und Albträumen, starker Unruhe und Schlaflosigkeit.
Frau A., 45 Jahre alt, ist seit zwei Jahren wegen einer mittelgradigen depressiven Verstimmung, wegen zwanghaftem und anorektischem Verhalten in Psychotherapie. Seit einigen Wochen erinnert sich die Patientin an mehrere Vergewaltigungserfahrungen aus Kindheit und Jugend. Die Therapeutin hatte, als die Patientin von diesen Erinnerungen berichtete, genau exploriert und die Patientin ermutigt, sich so genau wie möglich zu erinnern und ihre Gefühle zuzulassen. Die Patientin sei dann immer unruhiger geworden, berichtet der Psychiater, und die oben beschriebene Symptomatik habe sich entwickelt.
Hier handelt es sich um dissoziative Symptome als Flash-backs. Das ungeschützte Sprechen über die traumatischen Ereignisse hatte eine Krise ausgelöst und immer weiter verschärft. Die Therapeutin hatte sich nicht klargemacht, dass Dissoziation ursprünglich dem Schutz

vor *unerträglichen* Gefühlen gilt. So hatte sie die Patientin durch die Einladung, ihre Gefühle zuzulassen, ohne dass diese darauf vorbereitet war, sie tiefer in die Dissoziation hineingebracht, denn die Dissoziation musste ja erneut gegen das Unerträgliche eingesetzt werden. Die Patientin war nicht genügend dabei unterstützt worden, *Affekt-Kontrolle* zu erlernen und sich sicherer mit sich selbst zu fühlen.

Frau A. berichtet von ihren Schwierigkeiten und wirkt dabei sehr erregt. Sie erzählt, dass sie im Laufe der Therapie bei Frau S. etwas über Missbrauch in der Kindheit erfahren habe. Als der Eindruck entsteht, dass Frau A. davon erzählen will, greift die Therapeutin ein:

Th.: »Das ist für Sie sicher sehr erschreckend, sich an diese Dinge zu erinnern.«

Pat.: »Ja, fürchterlich; aber ich weiß ja, dass ich da durch muss.«

Th.: »Es mag sehr wichtig sein, dass Sie sich mit diesen Schrecken noch einmal beschäftigen, und wir sind auch bereit, Sie dabei zu begleiten. Ich bitte Sie aber dennoch, sich damit Zeit zu lassen. Stellen Sie sich einmal vor, hier in der Stadt wäre eine Mine aus dem letzten Krieg entdeckt worden.«

Pat.: »Ja, das hab ich schon erlebt, da hat man das ganze Viertel geräumt«.

Th.: »Ja, und dann kamen Spezialisten, um die Mine zu entsorgen. Und so ähnlich ist es bei Ihnen auch, Sie brauchen innere Spezialisten, die gut ausgerüstet sind, um diese ›Mine‹ zu bergen.«

Pat.: »Das sehe ich ein.«

Th.: »Können Sie sich vorstellen, dass Sie so etwas wie einen Safe haben, wo Sie das alles erst einmal sicher hineinpacken, sodass wir es dann später wieder nach und nach herausholen können?«

Pat.: »Wenn Sie mir dabei helfen.«

Th.: »Gut, dann stellen Sie sich bitte einen Safe vor.«

Pat.: »Ja, das geht.«

Th.: »Das ist gut. Nun stellen Sie sich bitte vor, dass Sie das, was Sie sehen, wegpacken, wenn es Bilder sind, können Sie sie aufrollen, wenn es Filme sind, können Sie sich das auf einer Videokassette vorstellen und dann die Kassette wegpacken.«

(Die Patientin konzentriert sich eine Weile und meldet dann zurück, dass sie alles weggepackt habe.)

Th.: »Wie fühlt sich das an?«

Pat.: »Besser.«

Dies ist auch aus der Physiologie der Patientin zu entnehmen, sie hat sich etwas entspannt. Die Therapeutin erklärt ihr, dass sie das jederzeit wiederholen kann. Damit hat sie der Patientin erst einmal eine Möglichkeit des Selbstmanagements im Umgang mit traumatischem Material gezeigt. Ähnlich kann verfahren werden, wenn man zu einer traumatischen Szene arbeitet und neues Material auftaucht, das nicht sofort bearbeitet werden kann.

Über Sicherheit in der Beziehung mit sich selbst habe ich im ersten Teil bereits ausführlich geschrieben. Auch dieses Beispiel zeigt noch einmal, wie wichtig sie ist. Viele behandlungstechnische Probleme scheinen nach meinem Eindruck dadurch zu entstehen, dass die Fähigkeit zum Selbstmanagement nicht genügend erarbeitet wird.
Ich fasse hier noch einmal zusammen: Voraussetzung zur Traumakonfrontation ist, dass genügend Sicherheit im Umgang mit schmerzlichen Gefühlen möglich ist, das heißt Affektdifferenzierung und Affektkontrolle. Des Weiteren sollte die Fähigkeit zu innerem Trost erarbeitet bzw. gegeben sein. Imaginationsübungen, wie der innere sichere Ort oder die inneren Helfer oder vergleichbare Übungen, die Trost vermitteln, sollten verfügbar sein. Es sollten Distanzierungstechniken erarbeitet sein, die dann zum Einsatz kommen können. Da bei allen Menschen, die mehr als einmal traumatisiert wurden, durch die Arbeit an einem Trauma die anderen Traumata näher ins Bewusstsein kommen können, ist es sehr wichtig, dass die Person, die zu ihrer traumatischen Erfahrung arbeitet, in der Lage ist, neues belastendes Material erst einmal wieder wegzuschieben, also quasi bewusst zu verdrängen, z. B. indem es in den Tresor gepackt wird. Tatsächlich kann man nie sicher sein, dass nicht durch die Arbeit an einem Trauma frühere Traumatisierungen aktiviert werden, die dann zur Belastung werden. Viele Menschen scheinen Traumata verarbeitet zu haben, wenn sie jedoch mit aktuellen Traumata konfrontiert werden, reichen die Schutzmechanismen dennoch nicht aus. So kann man jetzt, wo ich dies schreibe, davon hören, dass die Menschen, die Opfer des Flugzeugabsturzes in Amsterdam waren, nun durch das Feuerwerksunglück in Enschede wieder in ihre damaligen Zustände hineingeraten. Ähnlich kann auch eine Traumakonfrontation wirken. Ein weiteres Beispiel sind die vielen alten Menschen, die ihre Traumatisierungen im Zusammenhang mit dem letzten Krieg verarbeitet zu haben schienen. Jetzt sehen sie täglich die Bilder von Krieg und Vertreibung im Fernsehen, und auf einmal sind die alten Bilder wieder sehr präsent und quälend da. Traumatische Erfahrungen werden ganz offensichtlich anders als andere Erfahrun-

gen im Gehirn verarbeitet. Ein Verarbeitungsmechanismus kann die Amnesie sein. Dies ist insofern tückisch, als die Amnesie durch Außenreize aufgehoben werden kann, was auch bedeutet, dass jemand in seinen seelischen Schutzmechanismen labilisiert wird. Labilisierung der Schutzmechanismen kann auch noch durch anderes ausgelöst werden, z. B. durch eine körperliche Krankheit, durch eine Psychotherapie, wie wir oben sahen, und ganz gewiss durch Traumakonfrontation.

3.2 Traumakonfrontation

Es gibt heute eine Reihe von Möglichkeiten, die sich bewährt haben, eine traumatische Erfahrung durchzuarbeiten. In diesem Buch geht es um den Einsatz von imaginativen Techniken, die ich nun genauer beschreiben will. Wer sich über EMDR informieren will, kann die Bücher von Francine Shapiro (1995) lesen, für Therapeuten empfiehlt sich auch das Buch von Hofmann (1999). Eine stärker psychoanalytisch orientierte Herangehensweise ist die MPTT (mehrdimensionale psychodynamische Trauma-Therapie) von Fischer (Fischer und Riedesser a. a. O.), ein gestalttherapeutischer Ansatz wird von Butollo und seinen Mitarbeiterinnen (1998) dargestellt. Verhaltenstherapeutische Ansätze beschreibt Edna Foa z. B. im Buch von Maercker (1996).

3.2.1 Die Bildschirmtechnik

Diese Technik hat sich bewährt, sie wird u. a. von Putnam (1989) empfohlen. Patientin und Therapeutin sitzen nebeneinander und stellen sich einen imaginären Bildschirm vor, auf den beide schauen. Die Patientin wird eingeladen zu beschreiben, was sie auf dem Bildschirm sieht, so als sei es eine andere Person, die dort erscheint. Sie spricht also nicht von »ich tue dort …«, sondern von »das Kind oder das Mädchen …« Es wird ihr empfohlen, die Möglichkeiten einer imaginären Fernbedienung zu nutzen, d. h., sie kann das Bild kleiner machen, schwarz-weiß einstellen, den Ton abstellen und natürlich auch ganz abschalten. Diese Übung vermittelt ein sicheres Grundgefühl, denn die Patientin kann mittels ihrer Fernbedienung jederzeit aussteigen, wenn es ihr zu viel wird. In einem zweiten Schritt oder nach und nach in mehreren Durchgängen kann die Patientin dann allmählich mehr Gefühle zulassen, so lange, bis eine Integration von Wort, Affekt, Bild und Körpererleben erfolgen kann. Es kann sein, dass für die Arbeit an einer traumatischen Erfahrung mehrere Sitzungen nötig sind. Empfehlenswert ist es, eine Doppelstunde für eine Traumakonfrontation zu reservieren. Aber selbst dann reicht die Zeit möglicherweise nicht aus, und das noch nicht durchgearbeitete Material muss noch einmal in den Safe gepackt werden, um die Arbeit dann in einer nächsten Sitzung fortzusetzen.

Ist das traumatische Material ganz durchgearbeitet, kann es zu einer so genannten Abreaktion kommen, d. h., es können Zittern, Weinen oder ähnliche Reaktionen erfolgen.

Wie bereits erwähnt sind wir heute mit Peter Levine (a.a.O.) der Meinung, dass heftige Abreaktionen nicht wirksamer sind als sanfte, letztere wahrscheinlich sogar heilsamer. Deshalb stellen wir heute bei jeder Art von Traumakonfrontation den Patienten Hilfe zur Verfügung, durch genaues Beobachten und Wahrnehmen, die Körperreaktionen zu besänftigen. Es ist aber genauso wichtig, diese Abreaktionen nicht ganz zu unterbinden, sondern nur zu verlangsamen und den Körper sich auf diese Art selbst heilen zu lassen.

Schließlich wird innerer Trost angeregt, d. h., der Patient wird gebeten zu klären, was der verletzte jüngere Teil an Trost und Unterstützung braucht, und sich dies imaginativ zu geben, sei es durch die erwachsene Person von heute oder die inneren Helfer oder die idealen Eltern. Auch wird geklärt, welche äußeren Unterstützungen notwendig sind und wie sich die Patientin diese verschaffen kann.

An einem Fallbeispiel weiter unten werde ich genau beschreiben, wie innerer Trost angeregt wird.

Lutz Besser hat mir berichtet, dass er mit seinen Patienten diese Technik zunächst an einer guten Erfahrung übt, damit sie mit der Vorgehensweise vertraut werden. Dies erscheint mir sehr sinnvoll im Hinblick auf eine immer bessere Selbstkontrolle und Selbstmanagement.

3.2.2 Die »Beobachter-Technik«

Schon im Abschnitt über innere Stabilität habe ich Sie mit dem »inneren Beobachter« vertraut gemacht und geraten, ab und zu mit »ihm« (oder ihr) in bewussten Kontakt zu gehen. Jeder von uns hat diesen beobachtenden Teil, es geht nur darum, ihn sich bewusst zu machen.

Besonders viel Distanz entsteht durch den »Beobachter des Beobachters«. Für manche ist das allerdings etwas zu kompliziert. Es ist notwendig, dass die Patientin prüft, ob sie lieber mit dem beobachtenden Teil oder mit dem beobachtenden Teil des beobachtenden Teils arbeitet.

Es ist mir, seit ich mit traumatisierten Menschen arbeite, ein Anliegen, Wege zu finden, Traumakonfrontation so schonend wie es geht durchzuführen. Eine Möglichkeit ist die Vorgehensweise von Peter Levine (a. a. O.), die man in seinem Buch »Traumaheilung« nachlesen kann. Eine andere Möglichkeit ist die, mit dem inneren Beobachter zu arbeiten. Bei beiden Vorgehensweisen lassen wir uns von der Vorstellung leiten, dass es nicht erforderlich ist, traumatische Erfahrung nochmals extrem leidvoll zu durchleben, sondern dass ein sanftes, schonendes Vorgehen ebenso wirksam ist.

In der Psychotherapie werden einige Vorurteile dogmenartig gepflegt wie auch in anderen Bereichen der Heilkunde. Eines ist die Vorstellung, dass etwas, was weh getan hat, nochmals durchlitten werden muss, damit Heilung möglich wird. Wir haben inzwischen zahlreiche Traumakonfrontationen durchgeführt, in denen die Patientinnen und Patienten sich selbst beobachteten und manchmal selbst erstaunt waren, wie wenig sie dabei empfunden und damit natürlich auch gelitten hatten. Diese Konfrontationen genügten für eine Integration. In einigen Fällen erbrachte die Nachbesprechung, dass die Integration nicht ausreichend war, sodass wir – in der Regel mit EMDR – das Trauma nochmals durcharbeiteten. Aber auch dies erwies sich dann als viel weniger belastend, da die Patientin bereits gut vorbereitet und ihre Affektkontrolle verbessert war. Wir sind daher dazu übergegangen, mit allen Patientinnen, die der Beobachtertechnik zustimmen – ich erwähnte bereits, dass einige sich damit schwer tun – auch mit dieser Technik zu arbeiten. Bevor ich die Technik Schritt für Schritt an einem Fallbei-

spiel zeige, soll noch etwas über den so genannten »hidden observer« berichtet werden.
Diesen verborgenen Beobachter hat Ernest Hilgard (1994) beschrieben. Er entdeckte, dass ein Student, mit dem er mittels Hypnose gearbeitet hatte, sich erinnern konnte, was während der Hypnose geschehen war, und was der hypnotisierte Teil gemacht hatte. Hilgard konnte den verborgenen Beobachter auch noch bei anderen finden, allerdings nicht bei allen seiner Probanden. Hilgards Befunde weisen darauf hin, dass zumindest manche Menschen in der Lage sind, Dinge zu wissen, die sie »eigentlich gar nicht wissen können«. Im Fallbeispiel scheint sich der Patient an Dinge erinnern zu können, die er nicht mit Bewusstsein erlebt hatte. Ich drücke dies ganz bewusst so vorsichtig aus, weil wir darüber bis jetzt einfach nicht genug wissen.

Nun folgt das angekündigte Fallbeispiel:

> Herr N. ist Unfallarzt. Vor mehreren Monaten hatte er einen Einsatz bei einem schweren Unfall mit mehreren Toten gehabt. Er beschreibt das Gefühl, da sei ihm »etwas in die Knochen gefahren«, das er nicht mehr recht loswerde. Er berichtet von dem, was er an der Unfallstelle gesehen und erlebt hat. Er beschreibt dabei, dass er sehr gefasst war und kompetent gehandelt habe. Erst als alles vorbei war und er sich auf den Weg nach Hause machte, merkte er, dass er weiche Knie hatte.
> Solches Verhalten wird häufig von Unfallhelfern beschrieben. Das »coole« Verhalten ist in einer Situation, in der rasches Handeln erforderlich ist, sehr hilfreich, es ist aber auch ein dissoziativer Mechanismus, der zum Problem werden kann, insbesondere dann, wenn es anschließend keine Möglichkeit gibt, die erlebten Schrecken zu teilen und mitzuteilen. Diese Möglichkeit aber hatte Herr N. durchaus gehabt. Er konnte mit seiner Frau und Freunden sprechen und auch weinen und so das Erlebte verarbeiten. So kann er mir dieses Erlebnis auch emotionsgetragen berichten, und ich habe den Eindruck, er hat es verarbeitet, soweit man solche Erfahrungen verarbeiten kann.
>
> Th.: Herr N., ich möchte Ihnen gerne etwas vorschlagen, das Ihnen vielleicht helfen kann, mehr Klarheit zu gewinnen. Wir Menschen verfügen alle über die Fähigkeit, uns selbst zu beobachten. Sie auch. Sie könnten nun diesen Teil in sich, der alles beobachtet, fragen, wenn Sie wollen, ob dieser Teil Ihnen etwas darüber sagen kann, was Ihnen heute noch weiche Knie macht und in die Knochen gefahren ist, wie Sie eben sagten.

Pat.: (schaut etwas erstaunt) Den Teil, der alles beobachtet, fragen ... ja, da kommt was, da kommt tatsächlich eine Antwort.

Th.: Welche?

Pat.: Das hat mit etwas aus meiner Kindheit zu tun ... Ich hatte da mal einen Unfall ... da hab ich gar nicht mehr dran gedacht ... Das ist mir jetzt aber eher unheimlich, ich spüre, wie Angst in mir aufsteigt.

Th.: Bevor Sie da tiefer hineingehen, möchte ich Sie bitten, dass wir noch einige Vorbereitungen machen, die Ihnen die Begegnung mit dem, was Ihnen Angst macht, erleichtern soll. Sind Sie einverstanden?

Pat.: Wenn Sie mir sagen, welche.

(Ich erkläre Herrn N. unser Konzept noch mal ausführlich, die Notwendigkeit innerer Sicherheit, beschreibe ihm die Helfer-Übung und den sicheren Ort und frage ihn, ob er sich so etwas vorstellen kann. Es stellen sich spontan Bilder dazu ein. Dann frage ich ihn, ob er sich auch vorstellen kann, dem beobachtenden Teil eine Gestalt zu geben. Das möchte er nicht. Aber er ist sich dieser beobachtenden Energie jetzt ganz sicher.)

Th.: Nun möchte ich Sie bitten, dass Sie mit Ihrem beobachtenden Teil klären, ob es außer dem Kind, das diesen Unfall erlebte, noch andere jüngere oder auch ältere Ichs gibt, die von diesem Erlebnis irgendwie betroffen sein könnten.

Pat.: Ja, die gibt es. Es gibt ein jüngeres Ich und einen jungen Mann, so höre ich das von meinem beobachtenden Teil.

(Anschließend erkläre ich Herrn N., dass es wichtig sei, alle erlebenden Teile an den sicheren Ort zu bringen. Sogar sein erlebender Teil von heute sei besser am sicheren Ort aufgehoben. Nur der relativ neutrale Teil von heute und der beobachtende Teil sollten sich die traumatische Szene noch einmal betrachten, d. h., genauer gesagt sei es so, dass der Beobachter alles betrachte, auch die Gefühle, auch die Gedanken des damaligen Ichs, und dies alles würde der Beobachter dann dem erwachsenen Ich von heute zur Verfügung stellen, und das könne er mir dann berichten.)

Pat.: Das klingt ja ganz schön kompliziert. Wozu soll das gut sein?

Th.: Der Sinn dieses Vorgehens besteht darin, dass Sie dieser traumatischen Szene noch einmal begegnen, ohne all das Leid von damals intensiv erleben zu müssen. Dass wir uns auch um andere jüngere oder ältere Ichs, die von dieser Szene irgendwie mit betroffen sein könnten, sorgen, hat den gleichen Grund. Wir möchten nicht, dass diese mehr als nötig leiden. Ich kann Ihnen allerdings nicht garantieren, dass diese Arbeit zu einer vollständigen Integration des Traumas führt, in dem Sinn, dass Wort,

Bild, Affekt und Körpererleben hundertprozentig zusammengeführt werden. Wir haben schon ziemlich viele gute Erfahrungen mit dieser Vorgehensweise gemacht, sodass ich Sie Ihnen empfehlen kann. Wenn Sie sich einmal eine traumatische Szene mit Hilfe Ihres beobachtenden Teiles anschauen, so kann das auf jeden Fall auch eine gute Vorbereitung sein für eine EMDR-Sitzung. Da wir uns relativ wenig kennen, halte ich es auf jeden Fall für sicherer, wir arbeiten erst mit einer Technik, die Ihnen viel Kontrolle gibt. Alternativ könnten wir auch mit der Bildschirmtechnik arbeiten. (Ich erkläre ihm diese in groben Zügen.) Wie denken Sie darüber?

Pat.: Ich bin erstaunt, wie vorsichtig Sie sind. Ich dachte immer, man muss da durch. Haben Sie nicht mal geschrieben »Augen zu und durch«?

Th.: Nein, das stammt nicht von mir. Aber tatsächlich war ich früher auch der Meinung, dass das nicht zu umgehen ist. Heute sehe ich das anders. Ich habe danach gesucht, Patienten zu helfen, so wenig wie möglich leiden zu müssen. Das ist Ihnen von Ihrer Arbeit her ja auch vertraut. Ständig verbessert man die Operationstechniken, damit es die Patienten leichter haben. In Ihrem Fach käme keiner auf den Gedanken, eine Technik für besonders wertvoll zu halten, weil die Patienten besonders viel leiden, oder?

Pat.: (lacht) Bestimmt nicht.

Th.: Was denken Sie, welche Technik Sie am liebsten mit mir gemeinsam anwenden möchten?

Pat.: Am liebsten würde ich darüber noch nachdenken.

Th.: Ja, das ist eine gute Idee. Es ist immer gut, sich Zeit zu lassen. Wenn Sie einverstanden sind, möchte ich Folgendes vorschlagen: Sie denken in Ruhe über alles nach, gleichzeitig können Sie, wenn Sie wollen, die Zeit nutzen, um eine Woche lang die verschiedenen Imaginationen, die wir heute besprochen haben, zu üben, und Sie könnten sich auch immer mal wieder Ihre beobachtende Fähigkeit bewusst machen. Das können Sie, so denke ich, auch in Ihrer Arbeit ganz gut anwenden. Als Nächstes können wir uns für eine längere Sitzung sehen, falls Sie es wollen, um alles durchzuarbeiten. In diesem Fall sollte genügend Zeit vorhanden sein. Wir können aber auch noch vorbereitende Sitzungen einplanen. Was halten Sie davon?

Pat.: Ich hätte es gern hinter mich gebracht, aber die Angst war nicht angenehm, da haben Sie mich schon überzeugt. Besser, ich bereite mich noch etwas vor.

Th.: Wie ist es denn jetzt mit der Angst?

Pat.: Im Moment habe ich keine.

Th.: Was halten Sie davon, wenn Sie Ihren beobachtenden Teil fragen, welcher Teil in Ihnen da Angst hatte. War das wirklich der erwachsene Mann von heute?

Pat.: (denkt nach) Der beobachtende Teil zeigt mir, komisch, es ist wirklich anders, als darüber nur nachzudenken, also, der beobachtende Teil zeigt mir das Kind, das den Unfall hatte.

Th.: Können Sie sich vorstellen, falls es noch mal Angst bekommt, es zu beruhigen? Etwa indem Sie ihm erklären, dass es jetzt bei Ihnen und in Sicherheit ist?

Pat.: Wissen Sie, irgendwie sind das schon ziemlich befremdliche Sachen, die Sie mir da vorschlagen, schließlich bin ich doch so etwas wie Naturwissenschaftler. Ich hab das schon mal gelesen, die Sache mit dem inneren Kind. Aber andererseits kann ich es ja mal probieren. Schaden wird es ja wohl nicht.

Th.: Ich finde es wichtig, dass Sie sich Ihre Skepsis bewahren. Die Sache mit den Teilen oder dem so genannten inneren Kind ist nichts als ein Konzept. Aber manchmal sind solche Konzepte nützlich und Menschen kommen mit sich selbst in einen besseren Kontakt, als wenn sie sich selbst als konsistentes Ich sehen. Es gibt inzwischen einige namhafte Hirnforscher, die die Idee eines konsistenten Ichs bezweifeln. Sollten Sie den Eindruck haben, dass Sie sich mit diesen Konzepten unwohl fühlen, werden wir gemeinsam andere Wege finden, die Ihnen mehr liegen.

Pat.: Gut, ich werde es prüfen.

An dieser Sequenz wird deutlich, dass wir Patienten an allen Entscheidungen beteiligen. Dies ist heute in der Allgemeinmedizin mehr und mehr üblich. Es sollte auch in der Psychotherapie zur Regel werden.

Wenn man mit der Beobachter-Technik arbeiten will, ist es wichtig, sich noch einmal zu versichern, dass es die Vorstellung eines inneren sicheren Ortes gibt sowie die der Helfer und dass die Vorstellung eines beobachtenden Teils akzeptabel ist. (Tatsächlich beobachten sich alle Menschen ständig, sonst wüsste niemand, was er denkt oder fühlt oder empfindet, aber dies geschieht meist relativ wenig bewusst.) Außerdem sollte die Fähigkeit vorhanden sein, Dinge in den Safe zu packen.

Der nächste Schritt ist dann, alle Teile, die auf irgendeine Weise mit der zu bearbeitenden Situation zu tun haben könnten, an den sicheren Ort zu »schicken« oder diese darum zu bitten, dorthin zu gehen. Ich möchte das erklären: Nehmen wir an, jemand hat im

Alter von sechs Jahren einen schweren Unfall erlitten, bei dem extreme Ohnmacht und Hilflosigkeit eine Rolle spielten, dann wird das alle Ereignisse, die vorher mit Ohnmacht und Hilflosigkeit zu tun hatten und alle danach berühren können. Die neuronalen Netzwerke werden aktiviert. Wir greifen nun auf das Modell der verschiedenen jüngeren Ichs zurück, das besagt, traumatisierte Ichs sind wie eingefroren in dem damaligen Ereignis. Das aktuelle Ich von heute kann die jüngeren Ichs aber in seine Zeit holen und damit in Sicherheit bringen. Es gibt bis jetzt keinen »Beweis«, dass diese Hypothese stimmt i. S. eines streng wissenschaftlichen Beweises, aber es gibt genügend empirische Erfahrung, die erlaubt, weitere Erfahrungen zu sammeln und schließlich auch wissenschaftlich zu belegen. Das Konzept »in dir lebt das Kind, das du warst« hat sich als Arbeitshypothese inzwischen vielfach bewährt. Bei Herrn N. war es so, dass er binnen kurzer Zeit in der Lage war, alle notwendigen Grundlagen für sich zu erarbeiten und verfügbar zu machen, manchmal benötigt dieser Prozess erheblich mehr Zeit.

Herr N. berichtete in der nächsten Stunde, dass er sich mit den Bildern zu seiner eigenen Verwunderung wohl fühle. Insbesondere die Idee mit dem inneren Kind gefalle ihm inzwischen. Er spüre, dass ihn dies unabhängig mache, und das sei ihm sympathisch. Er berichtet mir von seinem inneren sicheren Ort, als hilfreiches Wesen hat er einen alten, weisen Mann gefunden. Ich frage ihn, ob er in der nächsten Sitzung, die dann länger geplant werden müsse als nur 50 Minuten, am Trauma des kleinen Jungen arbeiten wolle. Der Patient willigt ein. Da er sich noch nicht festgelegt hatte, mit welcher Methode er arbeiten wolle, frage ich ihn auch danach. Er findet die Beobachter-Technik aus seiner jetzigen Sicht am angenehmsten.
Ich schlage ihm daher vor, da noch etwas Zeit ist, bereits einige weitere Vorbereitungen zu treffen. Auch damit erklärt er sich einverstanden.

Th.: Wenn Sie jetzt an diesen Unfall denken, wie belastend fühlt sich das an? Vielleicht können Sie es auf einer Skala von 10 bis 0 einschätzen. 10 ist extrem belastend, 0 überhaupt nicht.
Pat.: Sieben
Th.: Und gibt es einen Satz, der Ihnen zu diesem Unfall einfällt, der Ihnen etwas über sich selbst mitteilt, der mit »ich bin …« anfängt?
Pat.: Ich bin schuld.

Th.: Das hört sich an, als sei das jetzt für Sie ziemlich belastend.
Pat. Ja, schon.
Th.: Wenn Sie das ändern könnten, wie würden Sie gerne über sich denken? Wieder mit einem Satz, der mit »ich bin ...« anfängt.
Pat.: O je, wenn ich das ändern könnte, ich kann aber nicht.
Th.: Ja, das hat damit zu tun, dass das Trauma noch bzw. wieder so lebendig in Ihnen ist, dass alles sich anfühlt, als sei es jetzt. Das ist, wie Sie wissen, ja auch so typisch für die Traumaverarbeitung bzw. eigentlich -nichtverarbeitung. Wir werden gleich noch mal darauf zurückkommen. Vielleicht überlegen Sie trotzdem, wie Sie darüber gerne denken würden, denn das gibt Ihnen für unsere Arbeit eine Perspektive.
Pat.: Ich würde gerne denken, dass ich es nicht besser konnte, denn ich war ja noch ein Kind.
Th.: Wäre es möglich, diesen Satz so zu formulieren, dass er ohne Verneinung auskommt?
Pat.: Ich habe getan, was ich konnte. Wenn ich in die Distanz gehe, denke ich das sowieso, aber wenn ich reingehe, dann stimmt es nicht.
Th.: Könnten Sie das auch einschätzen auf einer Skala? 1 ist überhaupt nicht wahr, 7 ist ganz wahr.
Pat.: Überhaupt nicht, also eins.
Th.: Damit haben Sie jetzt eine gute Vorbereitung gemacht und nächstes Mal können wir dann mit Hilfe Ihres beobachtenden Teils sofort an der traumatischen Erfahrung arbeiten, wenn Sie wollen.
Pat.: Doch, das will ich jetzt.

Mit der Technik EMDR erfahrene Therapeutinnen und Therapeuten werden bemerken, dass ich einige Elemente aus dem Protokoll verwende. Wir tun dies inzwischen bei allen Traumakonfrontationen, egal mit welchem Handwerkszeug. Es ist hilfreich für den Patienten, wenn er sich vor der Traumakonfrontation selbst einschätzt, dadurch lernt er von sich selbst.
Die positive Kognition ist darüber hinaus so etwas wie ein Leitsatz, der sicher nicht ohne Wirkung ist. Außerdem finde ich es nützlich, die verschiedenen Traumkonfrontationen einander anzugleichen, so weit dies möglich und sinnvoll ist.

In der folgenden Sitzung wird Herr N. gebeten, sich vorzustellen, dass er alle erlebenden Teil an den sicheren Ort bringt.

Pat.: Ja, das geht.
Th.: Ist auch der erlebende Teil von heute dabei?

Pat.: Ja.

Th.: Können Sie sich dann mit Ihrem beobachtenden Teil in Verbindung setzen und ihn bitten, Ihnen zu beschreiben, was er von dieser Szene von damals wahrnimmt? Lassen Sie ihn sich beschreiben, was er wahrnimmt in Bezug darauf, was das Kind fühlte, dachte, was es tat und was der Körper erlebte. Wenn ich den Eindruck habe, dass einer dieser Teile fehlt, werde ich nachfragen.

Pat.: O. k. Also … da ist eine Familie zu Besuch bei Freunden, sie machen alle einen Spaziergang. Der kleine Jens ist 6 Jahre alt. Die andere Familie hat zwei Mädchen, die etwas älter sind. Die Väter gehen zusammen vorneweg. Und dann kommen die Frauen und die Kinder.

Jetzt sind alle an einer großen Durchgangsstraße angekommen, die sie überqueren wollen. Die Väter gehen schnell auf die andere Seite, aber die Mütter nicht. Jens will schnell zu seinem Vater … Er rennt los.

Th.: Was denkt er?

Pat.: Ich will bei Papa sein.

Th.: Was fühlt er?

Pat.: Es ist ihm unangenehm, so ein Mamakind zu sein.

Th.: Bevor Sie weitermachen: Sind alle erlebenden Teile am sicheren Ort? (Die Therapeutin fragt, weil sie Zeichen von Unruhe und Angst bei dem Patienten wahrnimmt.)

Pat.: Warten Sie, nicht so ganz, ich muss das noch mal machen.

Th.: Das ist gut, dass Sie da sorgfältig sind. Lassen Sie sich Zeit.

Pat.: Jens rennt los. Er sieht nicht, dass ein Auto kommt. Es sieht nur den Vater auf der anderen Seite. Der Beobachter sieht, dass es ein weißer Mercedes ist. Der Mercedes packt ihn, er wird durch die Luft geschleudert und fliegt zurück dorthin, wo die Frauen stehen. Er ist bewusstlos.

Th.: Weiß der beobachtende Teil noch etwas darüber, was Jens denkt oder fühlt, als das Auto da ist?

Pat.: Jens hat Angst, er denkt aber nichts mehr, weil es so schnell geht.

Th.: Kann der beobachtende Teil Ihnen mitteilen, was passiert, während Jens bewusstlos ist?

Pat.: Warten Sie … ja, er erzählt, dass alle sehr aufgeregt sind. Der Vater nimmt Jens ganz vorsichtig und trägt ihn ins Auto und fährt mit ihm ins Krankenhaus. Im Krankenhaus wird er untersucht, und dann wird er ganz flach in ein Bett gelegt. Ich weiß nicht, ob ich mir das einbilde, denn ich weiß ja genau, wie das geht, aber ich sehe es ganz lebhaft vor mir.

Th.: Fühlt es sich für Sie so stimmig an?

Pat.: Ja, sehr.

Th.: Das ist das Wichtigste. Denn ganz genau können Sie es im Moment ohnehin nicht überprüfen. Falls Sie wollen, können Sie ja bei Gelegenheit Ihre Eltern fragen. Vielleicht schauen Sie jetzt, was weiter geschieht mit Jens.

Pat.: Die Eltern wollen ihn mit in die Stadt nehmen, wo die Familie lebt. Sie waren ja nur zu Besuch in der anderen Stadt. Aber weil er bewusstlos ist, müssen sie noch warten. Ich kann mit dem beobachtenden Teil wahrnehmen, dass da mal die Mutter ist, mal der Vater.

Th.: Wie geht es dem kleinen Jens und wie geht es seinem Körper, der da immer nur liegt?

Pat.: Er spürt nichts. Aber jetzt wird er wach, das ist sehr unangenehm, es ist ihm schlecht, alles tut weh, er fühlt sich sehr unwohl. Die Mutter spricht mit ihm, nimmt ihn in den Arm, das ist schön für ihn. Die Mutter erklärt ihm, was passiert ist.

Th.: Haben Sie das Gefühl, dass damit das Ende des Traumas erreicht ist? Was meint Ihr Beobachter?

Pat.: .... nein, was danach kommt, ist noch schlimm, ich spüre Angst.

Th.: Wollen Sie weiterarbeiten oder möchten Sie, dass wir das beim nächsten Mal machen?

Pat.: Ich möchte gerne bis zum Ende da durch.

Th.: Gut, was nimmt Ihr Beobachter wahr?

Pat.: Jens wird mit dem Auto in seine Heimatstadt gebracht und in das dortige Krankenhaus. Da ist es nicht so angenehm wie in dem ersten. Jetzt ist er viel allein. Er fühlt sich einsam.

Er hat auch Schmerzen. Der Arzt kommt und sagt, er müsse noch mal operiert werden, weil das Bein nicht richtig zusammenwächst. Jens hat fürchterliche Angst. Er möchte, dass seine Mutter kommt. Aber sie ist nicht da. Er weiß nicht, was er machen soll. Der Arzt sagt, die Operation findet jetzt gleich statt. Er wird von einer Schwester im Bett durch lange Flure gefahren, er hat noch mehr Angst. Er möchte weinen. Jetzt sind sie in einem großen Raum. Da ist ein anderer Arzt und eine andere Schwester. Sie legen ihn auf eine Liege. Er hat fürchterliche Angst und Panik. Er hat nicht einmal seinen Hasen mit. Er ist ganz verzweifelt und er denkt, das ist die Strafe, weil ich nicht aufgepasst habe. Dann machen sie eine Äthernarkose, ich kann es riechen. Mir wird ganz schlecht.

Th.: Können Sie sich einen Moment Zeit lassen, dass es nicht zu viel wird für Sie? Sind Ihre erlebenden Teile am sicheren Ort?

Pat.: Brrr, das ist ja wirklich harte Arbeit, das hätte ich nicht gedacht. Ich kann es wirklich alles wahrnehmen und von weitem spüren.

Jetzt eben war es aber ganz nahe, da waren der kleine Jens und ich wie eins. Aber jetzt ist er wieder am sicheren Ort. Ich gebe ihm seinen Hasen. Das war doch wirklich eine Gemeinheit, wie man damals mit kleinen Kindern umging. Stellen Sie sich das vor, die haben nicht einmal meine Eltern verständigt. Das ist doch unglaublich.

Th.: Ja, das finde ich auch. Da war der kleine Jens völlig ohne Schutz und ohne Unterstützung. Schrecklich! … Sie sagen mir bitte Bescheid, wenn Sie weitermachen wollen.

Pat.: Jetzt geht es wieder. Also, mein beobachtender Teil nimmt jetzt wahr … kann das wirklich sein?

Th.: Was?

Pat.: Jens bekommt alles mit, der ist nicht richtig in Narkose, aber die merken das nicht. Kann das sein? Er hat tierische Schmerzen und Angst.

Th.: Das kann sein. Vertrauen Sie sich selbst.

Pat.: Er merkt nicht alles, aber dass sie an seinem Bein rummachen. Jetzt schläft er doch ein. Und jetzt ist er wieder in einem anderen Raum, und da ist jetzt sein Vater. Da kann er weinen.

Dem Patienten kommen die Tränen. Er ist ganz versunken in den Schmerz des kleinen Jungen in ihm, und ich begleite ihn in meiner Vorstellung mit meinem Mitgefühl. Wir schweigen beide eine Weile. Dann sieht Herr N. mich an: Das war ja wirklich hart und das war das Schlimme und davon hab ich nichts mehr gewusst. An den Unfall erinnerte ich mich noch so ungefähr. Aber an diesen Vorfall gar nicht. Und das ist ja eigentlich das Schlimme. Sehen Sie das auch so?

Th.: Ja, ich kann das gut nachvollziehen. Denn in dieser Situation waren Sie wirklich verzweifelt allein und ohnmächtig und hilflos und mit all dieser Angst so mutterseelenallein.

Pat.: Das ist gut, wie Sie das sagen. Mutterseelenallein. Dass die das einfach gemacht haben, ohne meine Eltern zu fragen oder dass die dabei waren.

(Herr N. weint wieder. Dann sagt er, »langsam werde ich wütend auf die«.)

Th.: Ja, das ist gut, wenn Sie das jetzt fühlen können. Es war nicht in Ordnung, was da mit Ihnen geschah … Was hätte der kleine Jens gebraucht, was braucht er jetzt noch immer?

Pat.: Er braucht einen, der ihm sagt, dass das Mist war, was die Ärzte mit ihm gemacht haben, und dass er unheimlich tapfer war und dass er jetzt nicht mehr allein ist.

Th.: Können Sie, der Erwachsene, ihm das sagen und ihn in den Arm nehmen?

Pat.: Ja, das kann ich, das tu ich gerne … so ein armes Kerlchen. Jetzt fällt mir ein, dass mein Vater im Krankenhaus Krach geschlagen hat, er hat sich wirklich für mich eingesetzt. Gut, dass ich das jetzt weiß.

Th.: Herr N., wie geht es Ihnen jetzt? Wie ist es jetzt, wenn Sie an die Szene noch mal denken, wie belastend fühlt sie sich jetzt an?

Pat.: 1–2, sie ist schon ziemlich weit weg.

Th.: Und wenn Sie jetzt noch mal daran denken, dass Sie taten, was Sie konnten, dass Sie ein Kind waren, das tat, was es konnte, wie wahr fühlt sich das jetzt an?

Pat.: Ich denke, dass es in Ordnung ist, wie es war. Also, ich meine, was ich gemacht habe. Kinder sind halt nicht immer aufmerksam. Ich wollte zu meinem Vater, das ist in Ordnung. Ich bin nicht schuld. Es war eines dieser Verhängnisse. Auch was danach kam ... Vielleicht bin ich deshalb Unfallarzt geworden ... (lacht), ist doch gar nicht so schlecht, oder?

Th.: Ich denke, dass Sie versucht haben, eine gute Lösung zu finden, diesen alten Schmerz zu heilen, und dass Sie jetzt, nachdem Sie sich das alles angeschaut haben, Ihre Arbeit mit noch mehr Verständnis und mit mehr Ruhe machen können.

Pat.: Ja, das erscheint mir plausibel.

Th.: Nun rate ich Ihnen, in den nächsten Stunden gut für sich zu sorgen. Ist jemand Verständnisvolles um Sie ?

Pat.: Ja, meine Frau ist da, der kann ich ein bisschen erzählen, und sie wird dafür sorgen, dass die Kinder mich heute in Ruhe lassen.

Th.: Das ist gut. Es ist wichtig, dass Sie Zeit haben, sich immer mal wieder um Ihren kleinen Jens zu kümmern, da ist dann nicht viel Energie übrig für Ihre Kinder. Wenn Sie sich in den nächsten Tagen irgendwie unruhig und unwohl fühlen sollten, können Sie mich gerne anrufen. Im Übrigen ist es wichtig, dass Sie wissen, dass Ihr Organismus noch Zeit brauchen wird, dies alles zu integrieren. Aber die Chancen stehen gut, dass das jetzt zu einer Erinnerung wird, die Sie nicht mehr belastet.

Pat: Ja, das kann ich mir ganz gut vorstellen, so wie es mir jetzt damit geht.

Th.: Wir werden dann spätestens nächste Woche bei unserem nächsten Termin schauen, wie gut dieses Trauma verarbeitet ist.

(In der folgenden Woche berichtet der Patient, dass es ihm gut gegangen sei. Er habe noch mal an die weichen Knie gedacht, aber er habe gemerkt, dass ihm weder der zurückliegende Einsatz noch die alte Geschichte zu schaffen machten. Wenn er an die alte Geschichte denke, so sei sie nicht mehr belastend. Die positive Kognition sei weiterhin gültig.

Einige Wochen später hat Herr N. wieder einen Einsatz bei einem schweren Unfall, und er kann bemerken, dass er viel gelassener ist.)

Dies ist ein idealtypischer Verlauf, und ich habe immer wieder Freude daran, einen solchen erleben bzw. begleiten zu dürfen.
Ich habe diese Kasuistik gewählt, weil sie die einzelnen Schritte des Vorgehens deutlich macht. Ich werde am Ende des Kapitels noch einmal die Schritte als Manual vorstellen. Hier möchte ich auf mögliche Schwierigkeiten eingehen bzw. auf den Umgang mit schwerer und häufiger traumatisierten Patientinnen und Patienten. Es wird deutlich werden, dass die Prinzipien dieser vorgestellten Arbeit auch dann gelten.
Wenn Patientinnen vielfach traumatisiert sind, so ist es wichtig, dass sie über die Fähigkeit verfügen, belastendes Material wegzupacken, das dann möglicherweise durch die erste Traumaexposition näher ins Bewusstsein gelangt. Das bedeutet, Traumaexposition sollte erst dann begonnen werden, wenn diese Fähigkeit einigermaßen sicher zur Verfügung steht.
Die Patientin muss irgendeine Möglichkeit haben, mit neuem belastenden Material umzugehen, d. h., sie muss über ausreichend stabile Abwehr- oder Coping-Mechanismen verfügen. Sie muss in der Lage sein, sich im Hier und Jetzt zu orientieren. Dies alles, neben den oben bereits erwähnten Fähigkeiten, muss vorher erarbeitet sein.
Bei mehrfach Traumatisierten geht der Grad der Belastung in der Regel nicht so weit zurück. Manchmal ist es nur ein Punkt, und es ist wichtig, dies zu würdigen. Jeder kleine Schritt in Richtung auf weniger Belastung ist ein Gewinn.
Was macht man, wenn die Beobachter-Technik zwar Erleichterung gebracht hat, aber keine ausreichende Distanz vom Trauma erreicht werden konnte?
Wir gehen so vor, dass wir dann noch einmal das Trauma durcharbeiten, und zwar diesmal mit EMDR. Die Belastungsfähigkeit ist dann durch die vorbereitende Arbeit so viel gebessert, dass das EMDR-Verfahren mit seinen teilweise doch recht heftigen Gefühlsbelastungen gut toleriert wird.
Was macht man mit hoch dissoziativen Patientinnen und Patienten?
Für dieses Klientel ist die Beobachter-Technik besonders schonend. Das Einnehmen der Beobachter-Position ist der Dissoziation sehr ähnlich – möglicherweise das Gleiche, das wissen wir noch nicht genau –, daher geht man mit der Beobachter-Technik

besonders wenig Risiken ein, dass die Patientinnen dissoziieren, was leider allerdings nicht heißt, dass sie es nie tun. Nach meinem Verständnis sollte alles daran gesetzt werden, Dissoziation zu verhindern. Wenn ich während einer Traumaexposition auch nur die leisesten Zeichen eines »Weggehens« beobachte, frage ich immer sofort nach, kläre, ob alle erlebenden Teile in Sicherheit sind, rege an, sich zu erden, z. B. indem ich vorschlage, die Füße bewusst zu spüren, und gebe mich niemals damit zufrieden, dass die Patientin jetzt in diesem Zustand ist. Für mich bedeutet Dissoziation, dass die Patientin/der Patient überlastet ist und dass ich zu schnell war. »The slower, the faster«, diese Devise, die von Richard Kluft oder Colin Ross, zwei erfahrenen amerikanischen Traumaexperten, stammt, ist immer gültig. Wenn eine Patientin während einer Exposition dissoziiert, kann sie nicht integrieren, d. h., man muss die Arbeit wiederholen. Also ist es unter diesem Aspekt kein Gewinn. Ganz davon abgesehen, dass sich die Patientin mit jeder Dissoziation selbst belastet, da sie in traumatische oder peritraumatische Zustände gerät.

Also rate ich, ähnlich wie die amerikanischen Kollegen: »Lassen Sie sich Zeit, lassen Sie Ihren Patientinnen/Ihren Patienten Zeit, am Ende gewinnen Sie diese Zeit zurück.«

Der Umgang mit dissoziativen Zuständen erfordert Erfahrung damit, aber auch das schlichte Wissen, dass es dabei immer darum geht, wieder eine Orientierung im Hier und Jetzt herbeizuführen. Jede Art von empathischer Vertiefung des Problems führt bei dissoziativen Zuständen in noch mehr Dissoziation hinein. Dies zu verstehen ist eminent wichtig. Dissoziation bedeutet, dass die Fähigkeit, belastende Gefühle auszuhalten, nicht ausreicht. Also ist alles, was noch mehr belastet, kontraindiziert. Jede Vertiefung ist eine zusätzliche Belastung.

Wir haben inzwischen gelernt, die Schutzmechanismen der Patienten ernst zu nehmen und das bedeutet auch, dass sie das Tempo bestimmen, nicht wir. Wenn man Patienten das Tempo nach dem Grad ihres Sich-Wohlfühlens bestimmen lässt, gibt es kein »Augen zu und durch«, dies ist bereits eine Art dissoziativer Schutzmechanismus. Allerdings ist es manchmal hilfreich, »dran zu bleiben«, nicht zu früh aufzugeben. Dies in jedem Moment genau einzuschätzen, erfordert viel Erfahrung. Was m. E. dabei am meisten hilft, ist, der Patientin vor der Traumaexposition dabei zu helfen, ihren eigenen Wahrnehmungen und Empfindungen zu trauen. Denn sie spürt es, wenn es zu viel wird. Wir können das allenfalls ahnen, wissen können wir es nicht. Noch immer sind Psychotherapeuten bewusst oder unbewusst von den kriegerischen Metaphern Freuds stark geprägt. Wenn man die technischen Schriften liest, bemerkt man, dass diese teilweise in Topoi des Krieges beschrieben sind, während es andererseits auch sehr einfühlsame Passagen gibt. Richtet man sich mehr nach dem kriegerischen Teil, erscheint die ganze Therapie wie ein Kampf. Mir sind inzwischen Konzepte sympathischer, die eine Therapie beschreiben wie einen Tanz oder vielleicht wie ein »Spiel«, oder wenn Kampf, dann nach Art der chinesischen Kampfkünste, wo es darum geht, nachzugeben, um zu »siegen«.

3.3 Die Zeit nach der Traumakonfrontation

Wie am Fallbeispiel beschrieben, sollte der Patient die Möglichkeit angeboten bekommen, mit dem Therapeuten in Kontakt zu gehen, wenn er selbst empfindet, dass er das braucht. Man kann dafür z. B. auch einen kurzen Telefontermin oder einen kurzen Kontakt verabreden. In der Klinik ist das einfacher, weil immer jemand erreichbar und ansprechbar ist. Bei uns in der Klinik sind Schwestern und Pfleger bereit, nach den Patientinnen und Patienten, die eine Traumaexposition erlebt haben, zu schauen und sie dabei zu unterstützen, sich im Alltag wohl zu fühlen. Gehen Patientinnen und Patienten wieder nach Hause, sollte *vor* der Traumaexposition geklärt werden, wer sich um die Patientin kümmert, wie sie gut für sich sorgen kann. Eine Mutter von kleinen Kindern z. B. sollte dann Entlastung haben und nicht sofort wieder mit ihren alltäglichen Verpflichtungen konfrontiert sein.
Es ist wichtig zu wissen, dass Traumaexpositionen Verarbeitungsmechanismen im Gehirn anstoßen, die dann zu vermehrten Erinnerungen an andere Traumata führen können, aber auch zu albtraumartigen Verarbeitungen des bereits in der Traumaexposition Konfrontierten. Die Patientin sollte wissen, dass das geschehen kann, damit sie sich nicht beunruhigen muss. Auch sollte sie wissen, dass sie vermutlich dünnhäutiger ist als sonst – und traurig,

sehr traurig werden kann. Dies leitet bereits über zum dritten Teil. Denn die Trauer über das, was geschehen ist, kommt meist erst dann voll zum Tragen, wenn die Traumaexposition stattgefunden hat.
In der Sitzung nach der Exposition sollte immer genau exploriert werden, wie es dem Patienten damit ergangen ist. Und es sollte nochmals eine Einschätzung erfolgen, wie belastend das bearbeitete Ereignis jetzt angesehen wird. Dies halte ich deshalb für wichtig, damit die Patientin bemerken kann, dass die schwere Arbeit, die sie gemacht hat, sich gelohnt hat. Bei Monotraumen sollte das heißen, dass der Grad der Belastung auf 0–1 zurückgeht, bei mehrfach Traumatisierten dass die Belastung um 1 oder auch einige Punkte zurückgeht. In diesem Fall ist jeder Rückgang der Belastung ein Gewinn.
Es empfiehlt sich, nach einer Traumaexposition ausreichend Zeit verstreichen zu lassen, in der das Trauma integriert werden kann. Nach unserer Erfahrung sind in den allermeisten Fällen zwei Wochen nötig, bis man die nächste Traumakonfrontation anschließen sollte. Es gibt immer Ausnahmen, aber dies ist eine gute Orientierungshilfe sowohl für die stationäre wie die ambulante Therapie. Auch hier gilt wieder, nicht zu schnell zu sein, da der Patient Zeit braucht. Wenn man innerhalb eines Zeitraumes von mehreren Wochen oder Monaten mehrfach Traumakonfrontationen durchgeführt hat, empfiehlt sich auch dann eine längere Pause. Menschen brauchen immer wieder Zeit, im Hier und Jetzt anzukommen. Wenn man zu viele Traumakonfrontationen hintereinander macht, besteht die Gefahr, dass die Patientin nur noch in der Vergangenheit lebt und die Gegenwart ausblendet, dabei dann auch ihre erwachsenen Fähigkeiten immer mehr verliert und zunehmend regrediert. Dies halte ich für nicht erstrebenswert. Ich finde es wichtig, dass Menschen, die sich mit ihren traumatischen Erfahrungen konfrontieren, den Kontakt zur Gegenwart nicht verlieren. Janina Fisher, eine erfahrene amerikanische Traumatherapeutin, geht so weit zu sagen, dass nicht Traumaexposition das Ziel ist, sondern die Erhaltung der erwachsenen Ich-Funktionen. Ich sehe das ähnlich. Für viele Menschen ist es zwar wichtig, dass sie sich ihre Geschichte wieder aneignen, und dabei kann Traumaexposition hilfreich sein, aber wenn das um den Preis geschieht,

dass sie im Alltag funktionsunfähig werden, erscheint mir dies höchst fragwürdig.
Zurück zu unserem Beispiel: Dr. N. stellte im Verlauf der weiteren Therapie fest, dass es noch einige andere, wenn auch nicht so gravierende Traumata gab, die er in großen Abständen bearbeitete. Da er mit der Beobachter-Technik gute Erfahrungen gemacht hatte, entschloss er sich, auch die anderen Traumata so zu bearbeiten. Dies half ihm in seiner beruflichen Situation, die er doch immer als sehr belastend erlebte, ganz erheblich. Er setzte sich mehr und mehr mit Sinnfragen auseinander – was uns ebenfalls im fünften Teil beschäftigen wird – und fand für sich eine klare Haltung. Für ihn war es wichtig, sich viel Zeit zu lassen, und wir besprachen in vielen Sitzungen ganz andere Themen, um dann gelegentlich zu den traumatischen Erfahrungen zurückzukehren. Dies kann bei Menschen, die sehr massiv traumatisiert sind, anders ablaufen. Ihnen ist es manchmal wichtig, bei der Traumakonfrontation zu bleiben, um sich von den Traumata zu »befreien«. Auch hier empfiehlt es sich, erst einmal die Wünsche der Patienten zu berücksichtigen. Lediglich wenn diese Wünsche Aspekte von Selbstschädigung oder Selbstüberforderung enthalten, sollte man als Therapeutin eingreifen, beratend zur Seite stehen und weniger belastende Vorgehensweisen empfehlen.

Zur Unterstützung der Stabilisierungsphase und auch der Traumakonfrontation werden in unserer Klinik kunsttherapeutische Sitzungen angeboten. Die Kunsttherapie leistet einen wichtigen Beitrag zur Sichtbarmachung von inneren Bildern und ergänzt die Imaginationstherapie dadurch in sehr effektiver Weise. Im Folgenden nun eine Darstellung unseres kunsttherapeutischen Vorgehens.

4. Teil

Kunst- und Gestaltungstherapie im Prozess der Traumaheilung

(Susanne Lücke)

Jeder Grashalm hat seinen
Engel, der sich über ihn
beugt und ihm zuflüstert:
»Wachse, wachse.«

Talmud

4.1 Einleitung

Die Arbeit mit inneren Bildern wurde in diesem Buch bereits in vielfältiger und eindrucksvoller Weise beschrieben. Grundsätzlich sehe ich keinen Unterschied zwischen innerlich vorgestellten und bildnerisch gestalteten Imaginationen. In der bildnerischen Gestaltung findet die Imagination einen Ausdruck, kann von anderen Menschen wahrgenommen und mit anderen geteilt werden. Das bildnerische Gestalten stellt eine »Verstärkung und Vertiefung der Imagination« dar. (Riedel, 1999) Angeleitete Imaginationsübungen können eine Hilfe sein, den Prozess des bildnerischen Gestaltens anzuregen und ihm eine Richtung zu geben. Umgekehrt kann das Malen und Plastizieren eine erste Möglichkeit darstellen, sich der inneren Bilderwelt angstfrei zuzuwenden, und den Zugang zu Imaginationsübungen erleichtern. Manchen Menschen hilft das Visualisieren eines vorher gemalten oder plastisch gestalteten inneren Bildes um in eine der in diesem Buch beschriebenen Imaginationsübungen ›einzusteigen‹. Insbesondere Patienten, die unter Zuständen innerer Überflutung leiden, erlaubt das Gestalten eine Strukturierung und Differenzierung der als chaotisch erlebten Innenwelt. Da jede Gestaltung sowohl Bewusstes als auch Unbewusstes sichtbar werden lässt, bildet sie innerhalb der Therapie einen Schlüssel zu den individuellen Belastungen und Ressourcen der Patientin.

Die tiefenpsychologisch fundierte Kunst- und Gestaltungstherapie fügt der inneren Arbeit mit Imaginationen die Möglichkeit des Ausdrucks und der Handlungserfahrung hinzu. Im Prozess des Gestaltens entsteht ein in der Außenwelt real existierendes und damit sichtbares und im ursprünglichsten Sinne des Wortes begreifbares und handhabbares Objekt. Die Gestaltung wird zu einem direkt erlebbaren Gegenüber und Spiegel und bietet eine ebenso direkt erlebbare Herausforderung zur Verwandlung, eine Chance zur Veränderung.

Die Externalisierung innerer Prozesse ermöglicht eine Distanz, die einen neuen Blick auf das innere Geschehen erlaubt. Ein selbst geschaffenes Objekt ist sowohl Teil der Innen- als auch der Außenwelt, auf das Einfluss genommen, über das entschieden, mit dem gehandelt, das mit den eigenen Händen verwandelt und in seiner veränderten Form internalisiert werden kann. Auf dem Hintergrund des in der traumatischen Erfahrung erlebten Kontrollverlustes und der in der Vergangenheit erlebten Ohnmacht kann die Bedeutung der Wiederherstellung des Vertrauens in die eigene Handlungskompetenz nicht genügend betont werden.

Viele schwer traumatisierte Menschen haben lange vor der Therapie gestalterisches Tun als Möglichkeit des Selbstausdrucks für sich entdeckt. Leider ›kippt‹ dieser ursprüngliche Impuls zur Selbstheilung leicht in eine Reaktivierung traumatischer Erinnerungen und in selbstdestruktive Handlungen, wenn die GestalterIn noch nicht gelernt hat, sich vor innerer Überflutung durch belastende Bilder zu schützen und positiv besetzte Symbole zu bewahren.

Alle in der Vergangenheit notwendigen und in der Gegenwart den Lebensfluss blockierenden destruktiven Wahrnehmungs- und Handlungsmuster finden zunächst ihren Ausdruck in Inhalt und Umgang mit der bildnerischen Gestaltung als Selbstrepräsentanz und Übertragungsobjekt, und es bedarf einer therapeutischen Begleitung, die das bildnerische Gestalten in konstruktiver und lebensbejahender Weise wirksam werden lässt.

Für die Beispiele aus meiner stationären und ambulanten kunsttherapeutischen Arbeit, die ich im Folgenden schildere, möchte ich mich bei allen Patientinnen und Klientinnen bedanken, die ihre inneren Bilder, ihre persönliche Geschichte, ihre Ideen und ihre Wachstumsprozesse mit mir teilen und einige davon für diese Veröffentlichung zur Verfügung stellten. Um das Schreiben zu vereinfachen, benutze ich erfundene Vornamen. Real spreche ich alle PatientInnen/KlientInnen mit ihrem Nachnamen an.

4.2 Stabilisierung

4.2.1 Stabilisierende Kreisbilder

Sandra beginnt in den ersten Tagen ihres teilstationären Aufenthalts abends in ihrer Wohnung mit einem schwarzem Kohlestift spiralförmige Bewegungen auf dem Papier zu machen. Plötzlich verspürt sie einen »starken Sog in das Dunkle hinein, dem ich mich nicht entziehen kann«, und es entsteht eine Reihe von szenischen Zeichnungen zu einer Missbrauchssituation, die ihrem Bewusstsein bisher nicht zugänglich war. Während des Zeichnens geht es ihr zunehmend schlechter, und als sie fertig ist, fühlt sie sich so »aufgeweicht und wacklig«, dass sie sich in den darauf folgenden Tagen nicht in der Lage fühlt, zur Therapie zu kommen.

Während des freien Malen können spontan Bilder entstehen, die traumatisches Geschehen real oder symbolisch verschlüsselt abbilden. Es kann sich um Erlebnisse handeln, die dem Bewusstsein bisher nicht zugänglich waren, für die es noch keine Worte gibt oder für die Worte nicht reichen. Manche Geschehnisse unterliegen einem massiven inneren Schweigegebot, nicht aber einem Malverbot, und dürfen zunächst nicht verbalisiert werden. Solche Bilder können wichtige Mitteilungsträger sein und die tiefe Isolation durchbrechen, in der sich die Gestalterin in der Vergangenheit befand. Auf diesem Hintergrund müssen sie entsprechend gewürdigt werden. Sie sollten aufmerksam und zugewandt zur Kenntnis genommen werden, ohne die Inhalte durch weiteres Nachfragen oder Verstärken von Empfindungen und Gefühlen zu vertiefen. Ich spreche mit der Patientin über die Notwendigkeit, solche Bilder bis zu einem späteren Zeitpunkt aufzubewahren, usw. und unterstütze sie in ihren Möglichkeiten, Distanz herzustellen.

Für manche Patienten stellen einzelne Materialien einen belastenden Auslösereiz (Trigger) dar, z. B. die Berührung von Tonerde, Kleister und Fingerfarben. Auch bestimmte Farben, Formen und Symbole oder Geräusche wie das rhythmische Schaben von

Kreiden auf dem Papier können belastend sein. Zu Beginn der Therapie ist es wichtig, die Patientin in der bewussten Wahrnehmung solcher negativen Reize zu unterstützen, sie zu respektieren und Umgangsformen zu entwickeln, die zunächst einer Vermeidung und mit wachsender Stabilität einer erhöhten Toleranz dienen.

Von vielen Patienten habe ich gelernt, dass eine der Grundannahmen der Kunst- und Gestaltungstherapie, das Gestalten an sich sei entlastend und spannungslösend, bei Menschen mit schweren dissoziativen Störungen nicht zutreffend ist. Das spontane oder explizite Gestalten traumatischer Erlebnisse kann intrusive Zustände auslösen oder verstärken, wenn die Betroffene noch nicht in der Lage ist, sich von belastenden Bildern zu distanzieren und Kontakt zu tröstenden und heilenden Symbolen aufzunehmen.

Wenn das freie Malen destabilisierend wirkt, empfehle ich der Patientin, außerhalb der Therapiesitzungen zunächst Kreisbilder zu malen, bis sie sich besser in der Lage fühlt, ihren Malprozess zu steuern. Kreisbilder (Sanskrit: Mandala) wurden/werden in vielen Kulturen zur Beruhigung, Sammlung, Konzentration und Zentrierung benutzt. Ein Raum innerhalb einer kreisförmigen (oder quadratischen) Umgrenzung wird vom Zentrum ausgehend oder sich auf dieses zubewegend mit Formen oder Figuren frei oder thematisch gestaltet. Insbesondere bei innerer Unruhe, Überflutungs- und Selbstauflösungsängsten können Mandala-Vordrucke mit einer klaren Umgrenzung eine sehr strukturierende und beruhigende Wirkung haben.

Die Patientin sucht dann aus einer größeren Auswahl einen Vordruck aus, der ihr angenehm ist und einen Gegenpol zum derzeitigen Befinden darstellt. Ich lade sie ein, sich vorzustellen, dass sie innerhalb des Kreises einen Raum gestaltet, in dem sie z. B. Schutz, Ruhe, Geborgenheit und Freude oder Vitalität finden kann. Ich bitte sie, die Farben vor dem Malen entsprechend auszusuchen bzw. negativ besetzte Farben vorübergehend aus ihrem Malkasten zu entfernen.

Vorlagen mit einer eher abstrakten, geometrischen Zeichnung geben der Gestalterin mehr Spielraum für eine individuelle Form- und Farbgebung. Nach dem Malen bitte ich die Patientin, sich das

entstandene Kreisbild als einen Raum vorzustellen, den sie in ihrer Phantasie betritt, und dort alle Sinneswahrnehmungen, Körperempfindungen und Gefühle wahrzunehmen. Danach gibt sie ihrem Mandala einen eigenen Titel, der etwas von ihrem subjektiven Erleben zum Ausdruck bringt.
Auch für Patienten, die innerhalb der Therapiesitzung beim Malen in dissoziative Zustände geraten, an die sie hinterher keine Erinnerung haben, kann die oben beschriebene Vorgehensweise zu Beginn einer Therapie hilfreich sein. Ein Mandala-Vordruck entlastet die Patientin von der Furcht, beim Malen die Kontrolle zu verlieren und zu früh zu viel von sich preiszugeben.

4.2.2 Am Rand des Traumawirbels

Für die stabilisierende Arbeit mit traumatisierten Patientinnen erlebte ich das Modell von P. Levine als sehr bereichernd. Seine Vorgehensweise entspricht im Wesentlichen der im ersten Kapitel dieses Buches beschriebenen Entwicklung positiver Gegenbilder.
Levine vergleicht den Körper mit einem Fluss, in dem die Lebensenergie strömt. In diesem Bild stellt die Körpergrenze das Ufer des Flusses dar. Im Fall einer schweren Traumatisierung bahnt sich eine große Menge Energie ihren Weg durch eine Bruchstelle und bildet einen turbulenten Traumawirbel außerhalb des normalen Lebensflusses. Die Natur schafft umgehend einen heilenden Gegenwirbel im Sinne einer ausgleichenden Kraft, der sich innerhalb des Flusses der alltäglichen Erfahrung befindet. Im Prozess der Traumabewältigung geht es nun zunächst darum, die Gegenwirbel aufzuspüren und dem Bewusstsein zugänglich zu machen. Durch ein pendelndes Umkreisen des Traumawirbels und des heilenden Wirbels wird das beschädigte ›Ufer des Flusses ausgebessert‹.

Entstehung des Traumawirbels und des heilenden Gegenwirbels

Dieses Gleichnis ermöglicht es Patientinnen, Sinn und Ziel der Stabilisierunsphase auf einer tieferen Ebene zu erfassen, und erhöht die Motivation für einen ressourcenorientierten kunsttherapeutischen Prozess.

In den gemalten Bildern von Patientinnen beginnt ein Bilderzyklus aus einer traumatischen Erfahrung häufig mit bodenlosen Löchern, Tunneln, Spiralen, Strudeln oder Wirbeln, von denen sich die Gestalterin in unendliche Tiefe gezogen oder in die unendliche Weite des Alls geschleudert fühlt. Anhand einiger Beispiele möchte ich deutlich machen, wie durch ein bewusstes Lenken der Aufmerksamkeit auf die Ressourcen in einer bildnerischen Gestaltung die Gegenbilder aktiviert und der Patientin ein ›Pendelschwung‹ zwischen destruktiven und konstruktiven Repräsentanzen ermöglicht werden kann.

Der schwarze Strudel

Ich möchte von einem Traum berichten, den Erika in ihren ersten Tagen der stationären Therapie träumte. In diesem Traum befindet sie sich am Strand eines großen Meeres in einer vertrockneten und verbrannten Kraterlandschaft, in der sie keinesfalls überleben kann. Vor ihr im Wasser ist deutlich ein schwarzer Strudel zu sehen. Im Traum ist sie überzeugt davon, durch diesen Strudel hindurchschwimmen zu müssen, um der Kraterlandschaft zu entkommen. Am Ufer liegt ein kleines, leuchtend rotes Boot ohne Ruder und Steuer, das sie nicht besteigen kann, da sie fürchtet, es nicht fahren zu können. Sie muss ihre schwere, schwarze Metallrüstung ausziehen, in der sie nicht schwimmen kann, ohne die sie sich aber völlig schutzlos fühlt. Nun schwimmt sie also los, völlig nackt, mitten in den Strudel hinein und ist dort gefangen, hinter ihr die Kraterlandschaft, vor ihr die unendliche Weite des Meeres.
In diesem Traum wird nicht nur die verzweifelte Situation deutlich, in der Erika sich vor der Therapie befand, sondern auch die tiefe Angst vor der Therapie selbst. Obwohl sie sich über das Therapiekonzept informiert und sich bewusst dafür entschieden hat, erlebt ihr Unbewusstes die bevorstehende Therapie als Gefahr und hält es für notwendig, völlig ungeschützt (nackt) und ohne Hilfsmittel (Boot) mitten in den Strudel der traumatischen Erfahrung hineinzuschwimmen.

Ich lade Erika ein, den Traum neu zu träumen, indem sie ihn malt. Ich bitte sie, als Erstes herauszufinden, wohin die Figur im Bild am liebsten schwimmen würde, wenn sie sich aus dem Strudel befreien könnte. Es entsteht eine kleine, einladende Insel, auf der sich auf einer grünen Wiese ein Haus, ein belaubter Baum und zwei rote Blumen befinden. In einiger Entfernung malt sie nun die Kraterlandschaft, die im Bild der Insel in Sichtweite gegenübersteht. Zwischen beiden Polen befindet sich der schwarze Strudel. Rechts und links dieses Strudels zeigt sich so viel ruhiges Wasser, dass es gar nicht nötig ist, den Strudel zu berühren, um die Insel zu erreichen, was Erika sehr verblüfft. Wir können uns nun der Frage widmen, was das Boot fahrtüchtig genug machen wird, um, zunächst mitsamt der Rüstung, die Insel zu erreichen, ohne dem Strudel zu nahe zu kommen (Abb. 1).
Die Beschäftigung mit dem Traum auf der symbolischen Ebene mit Hilfe eines selbst geschaffenen und außerhalb ihres Körpers existierenden Objektes schuf genügend Distanz, ihre Fixierung zu lösen, und versetzte sie in die Lage, sich ein neues Modell ihres Therapieprozesses mit ihren eigenen Händen anzueignen und auf einer tieferen Ebene zu begreifen. Mit der Gestaltung einer fruchtbaren Insel gelang ihr ein erster Kontakt zu einem heilenden Gegenwirbel.

Das Rettungsseil

Renate, die während ihrer Kindheit sexualisierter Gewalt durch einen Onkel ausgesetzt war und unter einer Dissoziativen Identitätsstörung leidet, kommt in einem akuten Zustand diffuser Angst in die Therapiesitzung. Ich bitte sie, in einen vorher von mir auf das Blatt gezeichneten Kreis ihre Angst bildnerisch darzustellen. Mit diesem Kreis biete ich ihr ein Gefäß an, das ihre Angst aufbewahren kann und gleichzeitig einen Rahmen, der dafür sorgt, den bedrohlichen Inhalt zu begrenzen. Der Rahmen hat auch die Funktion, den massiven Fragmentierungs- und Selbstauflösungsängsten, die in ihren Bildern zum Ausdruck kommen, entgegenzuwirken (s. S. 141 f.: Der sichere Rahmen). Als weitere Sicherheitsmaßnahme setze ich für das Gestalten eine zeitliche Begrenzung von fünf Minuten.
Renate malt einen blauschwarzen Strudel in diesen Kreis hinein, an dessen äußerem Rand sich mehrere kindliche Figuren verzwei-

felt dagegen wehren, auf das Zentrum zugeschleudert zu werden, in welchem eine bedrohliche schwarze Gestalt lauert, die sowohl den äußeren als auch einen inneren täteridentifizierten Anteil repräsentiert.

Nach Beendigung des Malens veranlasse ich sie, einen räumlichen Abstand zu dem Bild zu suchen, der es ihr ermöglicht, das Bild ohne Angst anzusehen. Sie stellt es an eine etwa zwei Meter entfernte Wand. Ich unterstütze sie, sich von ihrer Angst zu distanzieren, indem ich sie zu der Vorstellung einlade, sich gemeinsam mit mir in eine Ausstellung zu begeben, in der wir gerade das Bild einer uns unbekannten Malerin betrachten, und lasse sie das Bild aus dieser Perspektive möglichst sachlich beschreiben.

Nachdem wir eine Weile über Form, Farbigkeit, Struktur und Malweise gesprochen haben, sagt sie: »Ich sehe Kinder, die ängstlich aussehen und um Hilfe schreien ...« Diese Wahrnehmung greife ich auf, um deutlich zu machen, dass es sich um das Wiedererleben einer Angst aus der Kindheit handelt und dass sie real im Hier und Jetzt als erwachsene Frau nicht bedroht ist. Ich bitte sie nun, als die Erwachsene, die sie heute ist, den bedrohten Kindern im Bild zu helfen. Sie stellt fest, dass die Kinder als Erste-Hilfe-Maßnahme ein Rettungsseil benötigten, durch das sie sie miteinander verbinden muss, damit sie nicht in den Strudel hineingezogen werden.

Nun veranlasse ich sie, das Rettungsseil in das Bild hineinzumalen. Sie verbindet die kleinen Figuren mit entschlossenem Strich und schlingt jeder einzelnen das gelbe Seil sorgfältig um den Bauch (Abb. 2). Ich bitte sie zu prüfen, ob die Kinder nun gemeinsam genügend Kraft haben, dem Sog so lange standzuhalten, bis sie in der Lage ist, sie aus dem Strudel herauszuholen. Sie bejaht.

Da die Sitzung sich dem Ende nähert, lasse ich sie das Bild als Symbol für ihre Angst in festes Packpapier verpacken und mit Klebstreifen verschließen, sodass die Angst bis zur nächsten Sitzung dort drinnen sicher aufbewahrt ist und nicht vorher wieder herauskommen kann. Wie sie mir später berichtete, fühlte sie sich in der Woche zwischen den Sitzungen ruhiger und hatte keine Angstanfälle.

In der nächsten Sitzung gehe ich mit ihr auf die Suche nach einem Helferwesen, das die Kraft hat, die Kinder aus dem Strudel zu befreien. Sie erinnert sich an eine kleine Figur aus der Bilderge-

schichte ›Die Königin der Farben‹, die ich ihr zu einem früheren Zeitpunkt vorgelesen hatte und die sie sehr mochte. In der weiteren Beschäftigung mit dieser Figur stellt sich heraus, dass sie, solange sie sich zurückerinnern kann, eine in der Realität fehlende haltgebende Bezugsperson imaginativ ersetzt hat. Mit Unterstützung dieser imaginären Helferin, die sie »die Erzieherin« nennt, traut sie sich zu, die bedrohten Kinder aus dem Strudel herauszuholen und in Sicherheit zu bringen. Ich lasse sie daraufhin einen sicheren Ort für die Kinder gestalten, und es entsteht eine zart rosafarbene »Kinderstube« (Abb. 3), in der sich die Erzieherin liebevoll und fürsorglich um die Kinder kümmert. Als Rahmen für das Bild dient ihr wieder ein Kreis, der nun die Bedeutung bekommt, die inneren Kinder zusammenzuhalten und ihnen einen geschützten Raum zu geben.
Im weiteren Therapieverlauf gelang es ihr zunehmend, die ›Erzieherin‹ und die sichere »Kinderstube« in Angst- und Pankikzuständen bewusst einzusetzen. Zur Erinnerung und Unterstützung trug sie eine Kopie der Bilderbuchfigur bei sich. Auch der Rahmen gewann sowohl im Malen als auch in der Alltagsbewältigung an Bedeutung. Sie begann, sich ein eigenes Zimmer einzurichten und nach ihren Wünschen zu gestalten.

Die Treppe zum Licht

Einige Sitzungen später bringt Renate ein Bild von zu Hause mit in die Therapiestunde. Auslöser für das Malen war ein Gemälde zu dem Märchen Blaubart, das sie in einem Restaurant gesehen und das sie zutiefst erschreckt hatte. Ihr Bild zeigt ein kleines blutbeflecktes Mädchen, das von einem gefährlichen Kater angelockt wird und nun in großer Gefahr ist. Im Hintergrund sind fünf gespenstische schwarze Gestalten zu sehen, Repräsentanzen für destruktive innere Stimmen aus frühen Täteridentifikationen, von denen Renate sich häufig gepeinigt fühlt. Diese »Fürchterlichen Fünf« sagen: »Das geschieht dir recht! Du bist schlecht! Du hast es nicht anders verdient! Du musst dich opfern, sonst ist deine Schwester dran!«. Zum Schutz hat das Mädchen im Bild zwei kleine Lichtwesen bei sich, die zwar ihre Seele, nicht aber ihren Körper schützen können. Diesmal hat sie von sich aus die Bedrohung in das Innere eines Kreises hineingestaltet und so versucht, die Gefahr zu begrenzen.

Da die ›Erzieherin‹ der innere Anteil ist, der den Körper schützen kann, bitte ich sie, diese zur Unterstützung des Mädchens auf das Bild aufzukleben und sie mit dem Mädchen sprechen zu lassen. Die ›Erzieherin‹ sagt freundlich aber entschieden: »Komm heraus aus dem Kreis! Das ist kein guter Ort für dich! Ich helfe dir!« Daraufhin lasse ich Renate das kleine Mädchen ausschneiden (Abb. 4).
Die ausgeschnittene Figur klebt sie auf ein neues Blatt Papier. Dort bekommt das kleine Mädchen – diesmal wieder in einem schützenden Kreis – eine »Treppe zum Licht«. Die ›Erzieherin‹ zeigt ihr die Richtung und ermutigt sie, einen neuen Weg zu gehen (Abb. 5). In ihrer Phantasie ist ein großer, aufgerichteter Bär ihr Wegbegleiter (im Bild nicht dargestellt), der sie vor den ›Blaubarts‹ dieser Welt schützt.
Bevor das Mädchen die ›Treppe zum Licht‹ hinaufgehen kann, muss sie die kleine Schwester schützen, die sowohl ihre reale jüngere Schwester als auch ein jüngeres inneres Kind repräsentiert. Auf meine Frage, was der kleinen Schwester gut tun würde, wandern ihre Augen zu dem Rosenstrauß, der sich im Zimmer befindet. Mit Rosenblättern und rosa Farbe gestaltet sie nun einen »Rosenort«. Ein Kleinkind schaukelt dort in einer Mondsichel. Zum Schutz des ›Rosenortes‹ klebt sie eine Engelsfigur auf. Diese Figur repräsentiert ihren persönlichen Schutzengel, den sie seit dem vierten Lebensjahr kennt, ein innerer Anteil, der sich von den personifizierten Täterintrojekten nicht einschüchtern lässt (Abb. 6).
Die rosafarbene Rose ist für Renate auch jetzt noch ein wichtiges Symbol für ihre Heilung. Sie kann ihre wiederkehrenden starken Schmerzzustände lindern, indem sie ein selbst gemaltes Bild von einer Rose betrachtet, das entsprechende Aromaöl verwendet und in ihrer Vorstellung die Rose im Becken-Bauch-Raum kreisen und heilendes rosa Puder verteilen lässt.

Der Apfelbaum

Gudrun, die nach dem Tod ihrer Adoptivmutter lange Jahre sexualisierte Gewalt von Seiten ihres Adoptivvaters erlebte und zahlreiche Suizidversuche hinter sich hatte, fühlt sich insbesondere nachts von einem »starken Seil in einen Todesstrudel gezogen«. Aus Angst vor Albträumen verbringt sie den größten Teil der

Nacht schlaflos. Sie kommt mit der festen Überzeugung in die Therapie, dass alles Positive in ihr zerstört und somit nicht mehr vorhanden sei und dass sie erst dann wieder Positives erleben könne, wenn es ihr gelänge, sich von allem inneren Schmutz zu reinigen. Sie bezweifelt stark, dass ihr das gelingen kann. In ihren Bildern stellt sie sich selbst als Kreuz dar, für sie das Symbol für ihr Abgeschnittensein von allem Lebendigen.
Da ich weiß, dass sie auf dem Bauernhof, auf dem sie aufgewachsen ist, eine besondere Vorliebe für Pferde entwickelt hat und das Reiten zu den einzigen Momenten zählt, in denen sie sich mit ihrem Körper im Einklang fühlt, bringe ich ihr ein kleines hellbraunes Spielzeugpferd mit in die Therapiestunde. Nun entsteht ein Bild, auf dem sie sich selbst als kräftiges Pferd darstellt, »das einige Verletzungen davongetragen hat«. Im Rücken des Pferdes entsteht eine bedrohliche schwarze Masse, mit der sie ihre Furcht vor den quälenden Zuständen von Ohnmacht und Verlassenheit zum Ausdruck bringt, die bisher zu dissoziativen Zuständen und suizidalen Handlungen geführt hatten. Beim Malen ist Gudrun nicht bewusst, dass das Pferd seine Nüstern weit geöffnet hat und den Blick auf einen kleinen Sonnenschimmer richtet (Abb. 8).
Dieser Sonnenschimmer und der Wiesenduft, den das Pferd in der Nase hat, wird nun zum Ausgangspunkt eines Fortsetzungsbildes, auf dem Gudrun ihrem Pferd einen Ort gestaltet, an dem seine alten Verletzungen heilen können. Hätte ich sie zu diesem Zeitpunkt gebeten, einen solchen Ort für sich selbst zu schaffen, hätte sie dies entschieden zurückgewiesen, aber dem Pferd kann sie in Erweiterung ihres Bildes auf der linken Seite eine leuchtend grüne Wiese mit einem früchtetragenden Apfelbaum schenken (Abb. 9). Ingrid Riedel (1999) wies darauf hin, dass ein Trauma und damit verbundene zerstörerische Impulse häufig in der rechten Bildhälfte zum Ausdruck gebracht werden, während heilende Bilder aus dem Unbewussten im linken Bildraum erscheinen.
Dieses Bild versetzte Gudrun in der Lage, einen positiven Bogen von ihrer Vergangenheit in ihre Zukunft zu spannen. Der Apfelbaum war für sie ein Symbol für die Fürsorge des Großvaters, der ihr auf dem elterlichen Hof die schönsten Äpfel im Baum hängen ließ, weil er wusste, wie gern sie Äpfel direkt vom Baum aß. Nach dieser Sitzung begann Gudrun Reitstunden zu nehmen. Gegen Ende ihres ersten Therapieaufenthalts entstand der Wunsch, die

Stadt und die Wohnung zu verlassen, in der sie bisher gelebt hatte und die mit den Erinnerungen an ihre Suizidversuche verknüpft war. Wie dem Pferd wollte sie nun sich selbst einen guten Ort schaffen, an dem die alten Wunden besser heilen können.

4.2.3 Die inneren Schätze bergen

Durch ein entsprechend strukturiertes kunsttherapeutisches Angebot und mit Hilfe von hierfür geeigneten Themen kann eine Kontaktaufnahme zu den ›inneren Schätzen‹ gezielt unterstützt werden. Besonders für Menschen, die gegenwärtig in der Identifikation mit den Symptomen befangen und/oder stark beeinträchtigt sind, ist es wichtig, die leidvolle Seite ihres Erlebens einzubeziehen und zum Ausgangspunkt für neue Erfahrungen werden zu lassen.

Strandgut

Beate fühlt sich durch Derealisationszustände schmerzlich von ihrer Umwelt getrennt. Ihre Mitmenschen kann sie derzeit nur »wie durch einen dicken Nebel« wahrnehmen. Aus einer Sammlung von etwa dreißig Gegenständen (Steine, Muscheln, Baumrinde, Glasmurmeln, eine alte Taschenuhr, ein Püppchen, eine Schmuckdose …) lasse ich sie einen Gegenstand aussuchen. Beate entscheidet sich für eine große, durchsichtige Glasmurmel, die sie während der nun folgenden Imagination in der Hand hält.
Ich lade sie ein, sich vorzustellen, dass sie sich an einem einsamen Strand befinde, den vor ihr noch nie ein Mensch betreten habe und dass sie die Erste sei, die diese Glasmurmel berührt. Ich lasse sie die Glasmurmel erforschen und befragen: Welche Eigenschaften machen dich einzigartig und unterscheiden dich von allen anderen Dingen auf der Welt? Welche Eigenschaften besitzt du, die mir gut tun? Was gefällt mir an dir so gut, dass ich dich gewählt habe? Wie ist dein Name? Ich bitte sie, der Glasmurmel einen Phantasienamen zu geben. Aus welchem Land, aus welcher Landschaft kommst du? Aus welcher Zeit? Was ist deine Aufgabe auf der Welt? Warum bist du heute zu mir gekommen? Was möchtest du mir für meinen Heilungsprozess mitteilen? Nachdem dieses imaginative Gespräch beendet ist, behält Beate die Murmel bei sich, während sie gestaltet.

Sie malt eine Frau in dem schwarzen Gewand einer Priesterin, die sich auf einer Felsinsel befindet und beschwörend ihre Zauberkugel in Richtung der Nebeldecke über dem Meer hält. Das Bild erinnert sie an die Geschichte ›Die Nebel von Avalon‹, in der eine Priesterin die Hüterin eines Zaubers ist, mit dessen Hilfe sie die ›Nebel von Avalon‹ heben und das verborgene Reich Avalon finden und auch wieder verlassen kann (Bild 10).
Für Beate wurde die Glasmurmel zu einer »Zauberkugel«, deren Aufgabe es war, sie dabei zu unterstützen, den Nebel zu lichten. Während des gesamten Therapieprozesses blieb diese Kugel ihre Begleiterin, Symbol für ihren Kontaktwunsch und Erinnerung an ihre Kontaktfähigkeit. Gegen Ende der Therapie malte sie ein Bild, in dem von Menschen bewohntes ›Land in Sicht‹ ist. In diesem Bild besaß sie nun ein Segelboot mit Steuer, Motor – »damit ich nicht vom Wetter abhängig bin« – und Anker, um je nach Bedarf in Sichtweite vor Anker zu gehen oder das Festland erreichen zu können.
Eine andere Patientin fand in meinem ›Strandgut‹ eine getrocknete Baumrinde und ließ in ihrem Bild einen Baum daraus wachsen, der sie in Kontakt brachte mit einem alten Brauch aus ihrer kurdischen Heimat, die sie als Kind verlassen musste. In ihrem Heimatdorf binden die Frauen auf dem Dorffriedhof rote Bänder an die Zweige eines Baumes und bitten um die Erfüllung ihrer Wünsche für die Zukunft. Ein Vogel trägt die Wünsche zum Himmel und verbindet wie im Märchen ›Aschenputtel‹ die Welt der Lebenden mit dem Wissen der Ahninnen. In ihrem Bild wuchs am Fuße des Baumes aus den Gebeinen der Verstorbenen eine rote Rose, die »weiß, dass eine Frau Stacheln braucht, um sich zu schützen« (Abb. 11).
Ihr, die sehr unter der Verbannung aus ihrer Ursprungsfamilie litt, diente die Baumrinde dazu, mit ihren Ressourcen aus der frühen Kindheit und ihrem Herzenswunsch nach einer eigenen Familie in Kontakt zu kommen. Im weiteren Verlauf der Therapie wurde der Vogel zu einem inneren Helfer und der Baum zu einem Symbol für Schutz und Geborgenheit. Die Rose, die sie sich in ihrer Phantasie in ihr Haar steckte, wurde zum Symbol für ihre weibliche Schönheit und ihren Partnerwunsch.

Körperlandschaft

Bezüglich der besonderen Herausforderung für eine schwer traumatisierte Patientin, einen positiven Kontakt zum eigenen Körper herzustellen, möchte ich an dieser Stelle auf das Kapitel ›Heilsamen Umgang mit dem Körper lernen‹ im zweiten Teil dieses Buches verweisen. Die Distanz, die das bildnerische Gestalten ermöglicht, kann maßgeblich zu einer positiven Annäherung an den Körper beitragen, da eine Handlung zunächst nicht direkt, sondern an einem Abbild des Körpers vollzogen wird.

Ich zeichne den Körperumriss einer Patientin auf eine entsprechend große, an einer Malwand befestigten Malfläche, während sie dicht vor dem Malpapier steht. Der Umriss sollte immer im Stehen angefertigt werden, da dies der Patientin mehr Kontrolle über die Situation gewährt. Wenn ein lebensgroßer Körperumriss eine zu starke Konfrontation darstellt, biete ich an, auf einer kleineren Malfläche den Umriss eines menschlichen Körpers frei zu zeichnen.

Angelika, die während ihrer Kindheit schweren körperlichen Misshandlungen ausgesetzt war, hat wiederkehrende starke Schmerzen im Bauchraum. Nach dem Erstellen des Körperumrisses bitte ich sie nach einer leichten Entspannung, sich ihrem Bauchraum zuzuwenden. Ich lade sie ein, ihm ein Geschenk zu machen und sich dort eine wohltuende Landschaft vorzustellen. Danach malt Angelika in ihren Körperumriss eine »blühende Oase« hinein, die sie an ein »Osternest« erinnert.

Nach einer weiteren angeleiteten Imagination, in der sie in ihrem Körper den Ort der Liebe und der Kraft aufsucht, entstehen im Brustraum des Körperumrisses ein rotes Herz und eine strahlende Sonne. Über ihren Ort der Kraft im Kopfraum (»Mein Kraftwerk«) ist sie zunächst erschrocken und entscheidet nach einem Zwischengespräch, den Kopf mit dem Brustraum durch »Adern« (im Bild zarte Zweige mit kleinen, grünen Blättern) zu verbinden, damit die Farben der Liebe den Kopfraum erreichen können.

Im weiteren Verlauf arbeitet sie intensiv an den Baumstämmen in den Beinen, die ihrem Körper Halt, Stabilität und feste Verwurzelung geben sollen, sowie an der Vernetzung der verschiedenen Körperregionen. Den ganzen Körper umschließt sie mit einer Schicht »kühler, heller Luft«, im Gegensatz zu der ›dicken Luft‹,

die ihr ursprüngliches und auch ihr jetziges Familienleben kennzeichnet (Abb. 12).
Angelika gestaltete ihr Körper-Bild in vier Therapiesitzungen. Der Körperumriss gab ihr die Möglichkeit, sich ihrem Körper auf eine neue Art und Weise zuzuwenden. Innerhalb des Therapieprozesses stellte dieses Bild einen ›Meilenstein‹ dar. Es vermittelte ihr ein Gefühl, das sie bisher nicht gekannt hatte: »Das Gefühl, dass es um mich, um mein Leben geht, dass ich im Mittelpunkt meines Lebens sein darf«. Das ›Osternest‹ als Symbol für ihre Kraft zur Erneuerung und Wiedergeburt erschien in späteren Gestaltungen immer wieder. Auf die Erfahrung, sich selbst etwas geben zu können, wenn es ihr schlecht ging, konnte sie nun von sich aus zurückgreifen.

4.2.4 Wut aus alten Verletzungen (Umgang mit Autoaggression)

Viele Patientinnen haben große Angst davor, mit ihren Gefühlen in Kontakt zu kommen, insbesondere mit ihrer Wut, und richten ihre Aggressionen gegen sich selbst. In der kunsttherapeutischen Arbeit findet dies seinen Ausdruck in einer zwanghaften Zerstörung von bildnerischen Gestaltungen, in einer selbstquälerischen Beschäftigung mit Schreckensbildern und in einer körperschädigenden Art und Weise, mit sich selbst und dem Material umzugehen.
Eine Patientin, die es gewohnt ist, sich in tage- und nächtelangen Gestaltungsexzessen auszulaugen, muss zunächst eine Zeitstruktur entwickeln, die ihr Selbstwahrnehmung und Kontrolle ermöglicht. Wenn eine Patientin mit Schmerzen in den Armen und Händen ein besonders hartes Stück Tonerde auswählt und darauf einschlägt, sodass die Schmerzen stärker werden, muss sie zunächst einen fürsorglichen Umgang mit ihrem Körper erlernen, z. B. indem sie Arme und Hände durch die Benutzung weicher Pinsel und flüssiger Farbe entlastet.
Ihre autoaggressiven Impulse differenzierte eine Klientin folgendermaßen: Wenn sie in einer aktuellen Situation ohnmächtige Wut (wieder-)erlebte, z. B. in Auseinandersetzungen mit vermeintlichen Autoritätspersonen, schlug sie mit ihren Händen gegen eine Wand, bis diese schmerzten. Wenn sie unaushaltbare dissoziative

Zustände beenden musste, schnitt oder verbrannte sie ihre Haut, um ihren Körper zu spüren. Wenn sie erfolgreich war oder ein schönes Erlebnis hatte, bestrafte sie sich durch das Malen oder Aufschreiben von schrecklichen Erinnerungen und durch das Zerstören ihrer positiv besetzten Bilder und Gedichte.

Im therapeutischen Prozess war es wichtig, diese wiederkehrenden Verhaltensmuster, für die sie sich sehr schämte, als in der Vergangenheit notwendige Bewältigungsstrategien zu würdigen. Für das kleine Kind, das sie einmal war, wäre das Zeigen der Aggressionen zusätzlich gefährlich gewesen, das dissoziative Verlassen ihres Körpers war notwendig, um körperliche Schmerzen auszuhalten, und die Selbstbestrafung aus der frühen Täteridentifikation hatte ihr geholfen, die Ohnmacht zu überleben. In ihrer persönlichen Geschichte hatte die Selbstdestruktion zusätzlich die Funktion, sie vor erwarteten Enttäuschungen und Entwertungen durch andere Menschen zu schützen, indem sie diese innerlich vorwegnahm. In diesem Zusammenhang wurden Bilder nicht in erster Linie schwarz übermalt oder zerstört, um sich selbst zu bestrafen, sondern um sie vor Enteignung und Entwertung zu schützen.

Einige Kolleginnen sind der Auffassung, es sei ein Fortschritt, wenn eine Patientin ihre Bilder zerstört, anstatt ihren eigenen Körper zu verletzen. Dies trifft nach meiner Erfahrung nur dann zu, wenn sie gelernt hat, sich bewusst dafür zu entscheiden, die selbstaggressiven Impulse mit einem eigens für diesen Zweck ausgesuchten Material auszuagieren. Wird ein vorher positiv besetztes Selbstsymbol zerstört, hinterlässt dies zwar keine sichtbaren körperlichen Wunden, aber die gleiche Verzweiflung, Scham und Resignation.

Innerhalb der Therapie ist es wichtig, die Patientin in der Differenzierung von Affekten zu unterstützen, ihr einen kontrollierten Ausdruck von Aggressionen zu ermöglichen und aktuelle Aggressionen in konstruktive Bahnen zu lenken. Wenn selbstschädigendes Verhalten im bildnerischen Prozess sichtbar und erlebbar wird, beinhaltet dies eine Chance, die Quellen dafür zu untersuchen, die Klientin in ihrem Verständnis für ihr Symptom zu unterstützen und mit ihr Ausschau nach vorläufigen Möglichkeiten zu halten, positive Symbole zu schützen und aggressive Impulse auszuagieren, ohne sich selbst oder andere zu verletzen.

Erstarrt in kalter Wut

Ulrike, die schneeweiß im Gesicht und in Gestik und Mimik erstarrt in die Sitzung kommt, biete ich an, innerhalb einer sicheren Begrenzung einen kleinen Teil ihres Befindens auszudrücken. Für die Begrenzung wählt sie ihre persönliche Schutzfarbe Grün und beginnt zuerst sehr zögerlich und dann mit immer heftigeren schwarzen und roten Kreidestrichen ihre »mörderische Wut« auszudrücken. Ich begleite sie, indem ich immer wieder nach ihren Handlungsimpulsen frage und sie ermutige, ein kleines Stück davon auszudrücken. Dabei bleibe ich bewusst in der Jetzt-Situation und verhindere Verknüpfungen mit ihrer Vergangenheit – in ihrem Fall langjährige sexualisierte Gewalt durch ihren Vater – um eine spontane Reaktivierung des Traumas zu vermeiden. Sie entscheidet, das Blatt zu zerreißen, darauf herumzutrampeln und die Fetzen in einen Eimer zu stopfen. Erschöpft und erleichtert schließt sie den Deckel und setzt sich mit einem zufriedenen »So!« oben drauf. Symbolisch hat sie den Vater, dessen Übergriffe sie in ohnmächtiger Wut ertragen musste, dort eingesperrt.

Der sichere Rahmen

Eine Möglichkeit der kontrollierten Abreaktion von Selbstverletzungsdruck bietet die Gestaltung eines sicheren Rahmens. Um ein Blatt Papier wird als erstes ein Rahmen gestaltet, der so stabil und sicher sein soll, dass er den eigenen Körper schützen kann. Die Gestalterin bestimmt die Größe der Malfläche und die Farbe, Breite und Dichte des Rahmens selbst. Für das Malen des Rahmens sind dicke Pinsel und Flüssigfarben mit hoher Farbintensität und Dichte (Gouache, Tempera) gut geeignet. Der Malgrund sollte einiges aushalten können (stabiler Malkarton). Wenn der Rahmen auf seine Sicherheit hin überprüft wurde, können die mit der Aggression verbundenen Bewegungsimpulse zum Ausdruck gebracht werden. Hierfür eignen sich feste Wachskreiden besonders gut, da sie Druck aushalten, schnelle und heftige Bewegungen zulassen und gleichzeitig ein Empfinden von Festigkeit vermitteln (Abb. 13).

Wenn Bilder, die von innerem Reichtum, Vitalität und Lebensfreude zeugen, zerstört werden, weil die Gestalterin unter einem tiefgreifenden Verbot steht, so viel Schönheit zu besitzen und ihr

eigen zu nennen, kann der sichere Rahmen für das aktive Schützen positiv besetzter Bilder eingesetzt werden. Er hat dann die Bedeutung einer stabilen Schatztruhe, zu welcher der innere Aggressor keinen Zugang erhält. So werden destruktiven Impulsen bewusst Grenzen gesetzt.
Der Kunsttherapeut Udo Baer beschreibt in seinem inspirierenden Buch ›Gefühlssterne, Angstfresser, Verwandlungsbilder‹ das Rahmenfeld als Gestaltungsfläche für einen Gegenpol zu dem im Vordergrund stehenden ängstigenden Gefühl. Die GestalterIn sucht dann zunächst den Gegenpol zu ihrem aktuellen Befinden. Wenn Wut im Vordergrund steht, kann der Gegenpol z. B. Klarheit, Distanz, Ruhe oder Kühle sein. Sie nimmt dann als erstes Kontakt zum Gegenpol auf, indem sie diesen in das Rahmenfeld hineingestaltet. In diesem ersten Schritt vergewissert sie sich ihrer Fähigkeit, das dominierende ängstigende Gefühl zu relativieren. Die Wut wird dann in das Innenfeld hineingestaltet. Diese Vorgehensweise lässt sich auch für alle anderen ängstigenden Bilder, Körperempfindungen und Gefühle einsetzen.

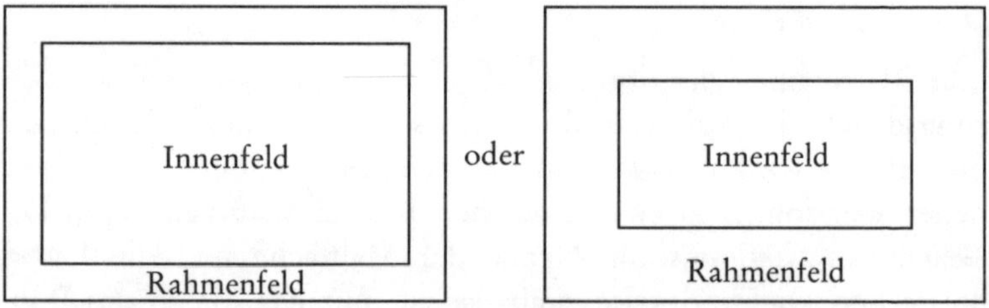

Der sichere Rahmen

Wenn eine Patientin zu Impulsdurchbrüchen neigt, kann es zunächst hilfreich sein, ihr durch ein entsprechendes Thema zu ermöglichen, ihre Wut in eine feste und damit leichter kontrollierbare Form zu bringen. Ein Thema, wie ›Ein Tier, das Wut ausdrücken kann‹ oder ›Ein Tier, das mir hilft, meine Grenzen zu verteidigen‹ oder ›Eine Märchenheldin, die sich ihre Wünsche aktiv erfüllt‹, können dazu beitragen, Aggressionen in konstruktive Bahnen zu lenken.

Ton schlagen

Selbstverletzungsimpulse treten häufig auf, wenn ein gegenwärtiges Problem alte Ohnmachtsgefühle auslöst und die Aggression nach innen gerichtet wird. Es ist dann wichtig, der Patientin diesen Mechanismus auf dem Hintergrund ihrer Lebensgeschichte bewusst zu machen und ihr zu helfen, das gegenwärtige Problem zu benennen. In diesen Kontext eingebettet, biete ich ihr das Schlagen von Tonerde als Möglichkeit an, um sie von ihrem Energiestau zu entlasten und eine Implosion zu vermeiden.
Auf eine eigens dafür vorgesehene Holzplatte, die auf dem Boden liegt, wird ein großes Stück Tonerde immer wieder kraftvoll aus dem Stand geworfen und aufgehoben, bis es genug ist. Das Aufprallen des Tons ist mit einem lauten Knall verbunden und kann gegebenenfalls von der Patientin mit dem Rufen eines Schimpfwortes begleitet werden. Wenn der geschlagene Ton dann weiter verwendet wird, um das Problem bildnerisch darzustellen und nach einer adäquaten Lösung zu suchen, macht die Patientin eine exemplarische Erfahrung, wie destruktive Wut verwandelt und konstruktiv genutzt werden kann.

Die guten ins Töpfchen ...

Zum Thema »Ein Haus für mich allein« beginnt Elisabeth mit Enthusiasmus, eine bunte Waldwiese zu gestalten, auf der ein kleines, behaglich anmutendes Haus steht. Plötzlich verfinstert sich ihr Gesicht. Sie greift zu dunkelbraunen und schwarzen Kreiden, und plötzlich verwandelt sich die Waldwiese in einen »finsteren Wald, in dem ich mich fürchte«, und das Haus wird zu einem »grusligen Hexenhaus«. Wie sich in der weiteren Beschäftigung mit dem Bild herausstellt, handelt es sich um ein Haus, in dem die geliebte Großmutter wohnte und in dem sie die glücklichsten Momente ihrer Kindheit verbracht hatte. Im gleichen Haus erlebte sie ab ihrem 5. Lebensjahr jahrelang sexualisierte Gewalt durch den Onkel, der den ursprünglich schönen Ort zu einem ›grusligen Hexenhaus‹ werden ließ.
Innere Bilder können in Sekundenschnelle ›kippen‹, und dies findet seinen Ausdruck in der bildnerischen Gestaltung: Ein wohlwollendes Gesicht wird bedrohlich, ein helfender Schutzengel wird zu einem zerstörerischen Teufel, eine friedliche Landschaft

zu einem Kriegsschauplatz. Ebenso plötzlich kann die GestalterIn aufspringen und ein gerade noch freudig gemaltes Bild zerreißen und wegwerfen. Bei Menschen mit schweren dissoziativen Störungen ist dies ein Zeichen dafür, dass verschiedene innere Anteile miteinander im Kampf liegen und ein täteridentifizierter Anteil plötzlich die Oberhand gewinnt. Daneben scheint der Gestaltungsprozess aber auch vergangene Lebenserfahrungen widerzuspiegeln, in denen traumatische Ereignisse ›Gutes‹ blitzschnell und unberechenbar in ›Böses‹ verwandelt haben.

Dem Aschenputtel im Märchen helfen zwei weiße Tauben, die Linsen aus der Asche zu holen und die guten von den schlechten zu trennen, indem sie ›die Guten ins Töpfchen und die Schlechten ins Kröpfchen‹ sammeln. Manchmal stelle ich einer Patientin gleichzeitig zwei Blätter zum Malen zur Verfügung, eines für die guten, das andere für die schlechten Linsen, sodass sowohl die guten als auch die bösen Erlebnisse nebeneinander bestehen und wertvolle Ressourcen ›aus der Asche‹ geborgen werden können. Um diesen Prozess weiter zu unterstützen, stelle ich zwei Mappen zur Verfügung, in denen die entstandenen Bilder voneinander getrennt aufbewahrt werden.

Indem Elisabeth diese zwei gegensätzlichen Erinnerungen, beide gebunden im Bild ›Haus‹, auf zwei verschiedene Blätter aufteilte, wurde die glückliche Erfahrung mit der Großmutter wieder zugänglich und als Ressource nutzbar. So stellte sie ihren negativen Überzeugungen »Es gibt nichts Gutes, das Gute ist das Böse, nur verkleidet« und »Ein guten Erlebnis ist die Ursache für das Böse, das folgt« eine neue Sichtweise gegenüber: Sowohl das Böse als auch das Gute existieren nebeneinander. Sie sind ursächlich nicht miteinander verknüpft.

4.2.5 Die Begegnung mit dem ›inneren Räuber‹ (Arbeit mit Täterintrojekten)

Täterintrojekte sind bei früh traumatisierten Menschen sehr tief in der Psyche verankert und werden als Teil der persönlichen Identität erlebt. In den bildnerischen Gestaltungen begegnen sie uns in menschlicher oder tierhafter Gestalt, als Fabelwesen, in abstrakter Form und als formlose Farbenergie. Personifizierte Täterintrojek-

1. Der schwarze Strudel

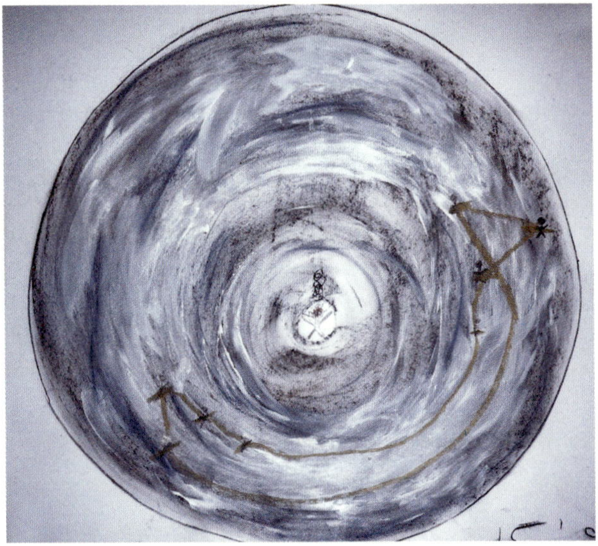

2. Das Rettungsseil

3. Die Kinderstube

4. Der gefährliche Kater

5. Die Treppe zum Licht

6. Der Rosenort

7. Der Pendelschwung

8. Die Bedrohung

9. Der Apfelbaum

10. Die Zauberkugel

11. Der Wunschbaum

12. Körperlandschaft

13. Der sichere Rahmen

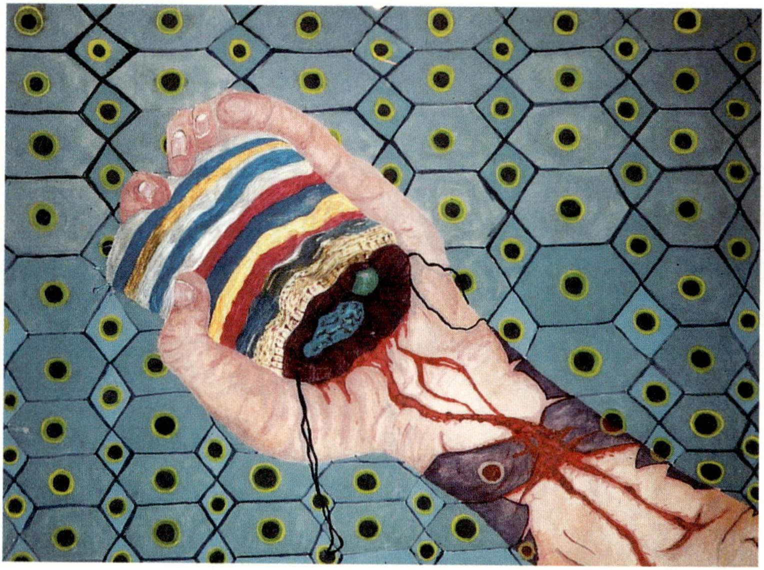

14. Der schöne Beutel

15. Die destruktive Stimme

16. Die lebensbejahende Seite

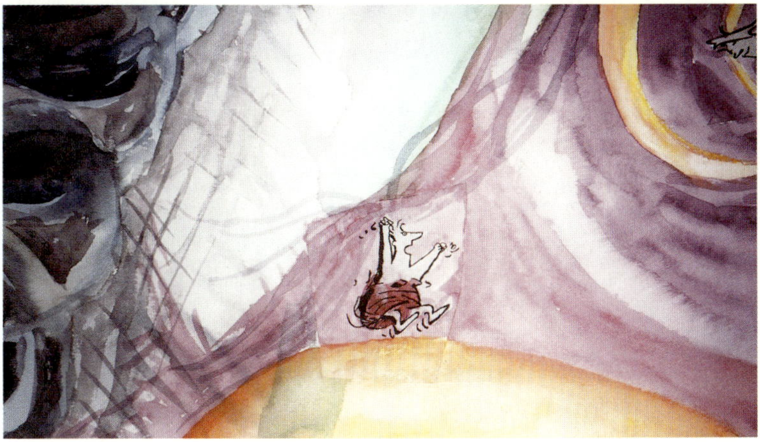

17. Ein Stück sicherer Boden

18. Der innere Helfer

19. Die kostbare Dose

20. Der Dialog

21. Das innere Kind und der Zensor

22. Der gezähmte Bär

23. Erste Hilfe für den Teddy

24. Die eingesperrte Krake

25. Zerhackt in tausend Stücke

26. Giselas Helfer für die Traumaexposition

27. Das Triptychon

28. Die traumatische Szene

29. Die Hexe greift ein

30. Ein Nest für das innere Kind

31. Gisela reitet in die Zukunft

te früher Bezugspersonen tragen häufig nicht nur destruktive, sondern auch lebenserhaltende Seiten in sich, die in der therapeutischen Arbeit voneinander unterschieden und differenziert bearbeitet werden müssen. In der bildnerischen Gestaltung von Täterintrojekten wird für die Patientin oft sichtbar und erlebbar, wie viel Angst sich hinter der destruktiven Fassade solcher aggressiver Anteile verbirgt. Entsprechend ihrer verschiedenen Erscheinungsebenen und ihrer individuellen Bedeutung und Ausgestaltung kann auch die Art und Weise sehr unterschiedlich sein, wie sie in der kunsttherapeutischen Arbeit erreicht, erforscht, verwandelt und integriert werden können.

Der schöne Beutel

Ulrike, die in ihren ersten Lebensjahren körperlichen Misshandlungen durch beide Eltern ausgesetzt war, findet in meinem ›Strandgut‹ (s. S. 136) einen kleinen, bunt gestreiften Beutel mit Steinen, der sie an unbeschwerte und glückliche Tage ihrer Kindheit erinnert. Sie beginnt, ihn voll Freude zu malen, und nimmt das Bild mit nach Hause, um es am Abend fertig zu stellen. Zu Hause wird sie von einer destruktiven inneren Stimme gepeinigt, die zu ihr sagt: »Es gibt nichts Gutes! So viel Naivität muss bestraft werden!« und »Dein Bild ist schlecht gemalt. Du bist eine Versagerin!« Die Stimme befiehlt ihr, sich zu verletzen, was sie auch tut und was sie anschließend in ihrem Bild darstellt. Der kleine Beutel wird nun von einer Hand gehalten, die Schnittwunden am Handgelenk aufweist und blutet (Abb. 14).
In der nächsten Sitzung lasse ich Ulrike sowohl für die destruktive als auch für die lebensbejahende Seite eine Figur aussuchen, diese auf ein Blatt Papier aufkleben und weiter gestalten. Ich stelle ihr hierfür eine Auswahl von etwa zwanzig kopierten Figuren aus einem Bilderbuch (›Königin der Farben‹) zur Verfügung, die unterschiedliche Gemütszustände zum Ausdruck bringen. Der Einsatz dieser Figuren unterstützt die Symbolisierungsfähigkeit und ermöglicht ihr eine größere Distanz zum inneren Geschehen. Für die destruktive Seite wählt sie eine Figur in einer herrischen und befehlenden Pose und bringt sie in Verbindung mit einer schwarzen Spirale (Abb. 15). Die lebensbejahende Seite bekommt eine Figur, die einen spiralförmigen Salto vollführt (Abb. 16).

Mit der ungezügelten Lebensfreude dieser Seite verbindet sich allerdings auch ihre Erinnerung an »schöne Feste, die in einer Katastrophe endeten«, und ihre Angst vor Kontrollverlust. Ich lade sie ein, eine dritte Figur auszusuchen, die als Helferin fungieren kann und die Aufgabe bekommt, beide Seiten zu mäßigen und die Kontrolle zu behalten. Dieser Figur gibt sie erleichtert »ein Stück sicheren Boden« (Abb. 17).
In den folgenden Sitzungen unterstützte ich Ulrike darin, die lebensfreudigen und die destruktiven Impule auf verschiedenen Blättern auszudrücken und in verschiedenen Mappen aufzubewahren. Diese Vorgehensweise versetzte sie nun selbst in die Position ihrer dritten Figur im Bild, die den Boden unter den Füßen behält, konträre Impulse bewusst wahrnimmt, sortiert und relativiert. Vorübergehend musste es eine dritte Sammelmappe für Bilder geben, die Ulrike zunächst weder der einen noch der anderen Seite zuordnen konnte und die weiterer Klärung und Differenzierung bedurften. Ein plastisch gestalteter, bunt bemalter Drache aus Pappmaché half ihr, ihre lebensfrohe und unbeschwerte Seite zu stärken und zu verteidigen (Abb. 18).

Der Zensor und der Perfektionist

Zu Beginn ihres zweiten stationären Aufenthalts ist es Ulrikes ausdrücklicher Wunsch, mit ihren Täterintrojekten zu arbeiten, da sie sich durch massive Entwertungs- und Zerstörungswut in ihrem Alltag stark behindert fühlt. In ihrem Inneren nimmt sie zwei verschiedene Stimmen wahr, von denen destruktive Impulse ausgehen: Die Stimme des »Perfektionisten« und die Stimme des »Zensors«.
Ich gehe zunächst mit ihr zurück zu einer Situation in der Vergangenheit, in der es ihr gelungen ist, einen Schatz zu bewahren. Sie erinnert sich an eine kleine, bemalte Blechdose, die sie als Sechsjährige im Haus ihrer Patentante aufbewahrte, dem Ort, an dem sie sich in der Kindheit geborgen und geliebt gefühlt hatte. In diesem Schatzkästchen sammelte sie Steine, Federn und andere kleine Dinge, die ihr gefielen (Abb. 19). Das familiäre Klima wurde als so destruktiv erlebt, dass das Bewahren eines ›Schatzes‹ nur außerhalb ihrer Familie vorstellbar war. Als Ulrike mir das Bild von ihrem Schatz zeigen möchte, mischt sich der ›Perfektionist‹ ein,

versucht dies zu verhindern und entwertet das Bild. Es gelingt ihr aber, in der Rolle der Beobachterin zu bleiben (s. Kapitel 3.2.2: Die Beobachter-Technik) und die innere Stimme in Klang und Wortwahl als die Stimme der Mutter zu identifizieren.
Ich lasse sie den ›Perfektionisten‹ aus Tonerde formen. Es entsteht ein löchriges Gebilde mit einem ängstlichen Gesicht, das sich fürchtet, »den Boden unter den Füßen zu verlieren und strukturlos zu sein«. Die entstandene Gestalt konfrontiere ich mit ihrem Helfer, dem bunt bemalten Drachen, und es entsteht ein Dialog zwischen beiden (Abb. 20). Der ›Perfektionist‹ beschimpft und entwertet den Drachen. Als dieser sich nicht einschüchtern lässt und näher kommt, reagiert der ›Perfektionist‹ verängstigt, und Ulrike muss den Abstand zwischen beiden wieder vergrößern, damit sie den Dialog fortsetzen kann. Der ›Perfektionist‹ ist verunsichert über die Lebendigkeit des kleinen Drachens und neidisch auf seine farbenprächtige Erscheinung. Er fürchtet sich davor, »zusammenzuklappen wie ein Kartenhaus«, wenn der Drache ihm zu nahe kommt.
Ulrike wurde bewusst, wie sehr die Stimme des ›Perfektionisten‹ in Klang und Wortwahl der Stimme der Mutter entsprach. Diese hatte sich durch die ungewollte Schwangerschaft mit Ulrike gezwungen gefühlt, ihre eigene künstlerische Karriere zu beenden, und nahm Ulrikes kindliche Lebendigkeit und später ihre Kreativität und künstlerische Begabung offensichtlich als existenzielle Bedrohung wahr. Da Ulrike in den ersten Lebensjahren häufig von der Mutter misshandelt wurde, musste sie ihre eigenen Fähigkeiten als lebensbedrohlich für sich selbst erleben. Später gelang es der Mutter mit Hilfe einer Therapie, gewalttätige Impulse gegenüber der Tochter besser unter Kontrolle zu bringen.
In Ulrikes Innenleben repräsentierte der ›Perfektionist‹ nicht nur die Angst vor Struktur- und Kontrollverlust der Mutter, sondern auch eine tiefe Angst vor der eigenen Instabilität. Die existenzielle Bedrohung, die ihre Fähigkeiten früher für ihre Mutter und damit auch für sie bedeutet hatten, versuchte sie nun abzuwenden, indem sie den destruktiven Perfektionismus der Mutter gegen sich selbst richtete. Die strengen Wertmaßstäbe des ›Perfektionisten‹ gaben ihr aber auch Halt und Orientierung und bedurften einer Modifizierung, die einige Zeit in Anspruch nehmen würde. Vorläufig bekam er einen eigenen sicheren Ort, einen Leuchtturm,

von dem aus er das Geschehen zwar beobachten, sich aber nicht immer direkt einmischen konnte. Der Drache versicherte, ihn in Ruhe zu lassen und stattdessen innere Anteile zu unterstützen, die sich darauf freuten, etwas Neues zu lernen.
In einer der nächsten Sitzungen gelang es Ulrike, mit Hilfe der Geschichte ›Die Rose und der Unterteufel‹ (Natalie Babbit) ihrem inneren ›Zensor‹ eine Gestalt zu geben. In dieser Geschichte versucht ein machtloser kleiner Teufel mit einem viel zu weichen Herzen heimlich in der Hölle Rosen zu pflanzen, was in der Hölle strengstens verboten ist.
Ulrikes Bild zeigt ein Kind, das verzückt eine gerade aufblühende weiße Rose bewundert und dabei von einem mächtigen Teufel überrascht wird. Der Teufel steht mit einer giftigen Pflanze (Fingerhut) hinter ihm, um die Rose zu vernichten (Abb. 21). In den Gesichtszügen ihrer Teufelsfigur erkennt sie ihren Vater, dessen unberechenbare Wutausbrüche sich sowohl gegen die Mutter als auch gegen sie selbst richteten und der auch nach der Trennung von der Familie die Macht über diese behielt. In Ulrikes Psyche hat der ›Zensor‹ die Rolle eines mächtigen, rigiden Über-Ichs, das alles »Unnütze« bestraft und auf diese Weise dafür sorgen will, dass Ulrike ihren Alltag bewältigt.
Als Helfer für das Kind in ihrem Bild entsteht ein starker, aber gezähmter Bär, »der es mit dem Zensor aufnehmen kann, wenn er sich zu seiner vollen Größe aufrichtet« (Abb. 22). Der Bär fordert den ›Zensor‹ zu einer fairen Auseinandersetzung heraus, anstatt sich seine Macht an einem wehrlosen Kind zu beweisen. In Konfrontation mit dem Bären verweigert sich der ›Zensor‹, und ich muss an seinen Mut und sein Ehrgefühl appellieren, damit er sich auf einen Dialog mit dem Bären einlässt, der nun die Bedürfnisse des Kindes verteidigt und dafür sorgt, dass das Kind die Rose behalten darf.
Diese erste Begegnung mit dem ›Zensor‹ bildete die Vorraussetzung für den weiteren Dialog zwischen ihm und mir als Therapeutin, der zum Ziel hatte, seine lebensfeindlichen Wertmaßstäbe zu modifizieren und seine Energie für die Umsetzung konstruktiverer Konzepte der Alltagsbewältigung zu gewinnen.

Die gefährliche Krake

Agnes bringt ein Bild mit in die Sitzung, auf dem sie versucht hatte, einen wiederkehrenden quälenden Körperzustand zum Ausdruck zu bringen. Sie beschreibt ihn mir als eine »riesige eklige Krake, die in meinem Inneren ist, durch meinen Nabel herauskommt und sich mit ihren Fangarmen überall an meinem Körper festsaugt«.

Ein bedrohliches schwarzes spinnenähnliches Wesen krabbelt einen steilen schwarzen Abhang hinunter, direkt auf einen kleinkindhaft wirkenden Teddybären zu. Der Teddybär sitzt in der unteren linken Bildecke wie »angewurzelt« auf einem Stück Wiese, auf der kleine Blumen wachsen. Auffallend ist sein praller Bauch, der dem Spinnenwesen schutzlos zugewandt ist. Zunächst hat das Malen des Bildes Agnes entlastet, weil sie so ihrer quälenden Körperempfindung eine Gestalt geben konnte. Als das Bild aber fertig war, fühlte sie sich sehr beunruhigt, weil sie den Inhalt nicht zuordnen konnte, und schloss es in einen Schrank ein.

Das Bild zeigt in symbolisierter Form die Bedrohung durch sexualisierte Gewalt, der Agnes als Kind ausgeliefert war. Sie erlebt zunächst sowohl den Teddy als auch die Krake als zu ihrem Selbst gehörig. Das Täterintrojekt hat hier tierhafte Gestalt (ein Gemisch aus Spinne und Krake), wird vor allem auf der Ebene der Körperempfindungen wahrgenommen und als Teil des eigenen Körpers erlebt.

Als ›Erste-Hilfe-Maßnahme‹ lasse ich sie eine Farbe aussuchen, die die Kraft hat, den Teddy zu schützen. Sie wählt ein warmes Gelb, die Farbe ihres Schutzengels, und sie umschließt den Teddy mit einem »magischen Lichtbogen«. Das beruhigt sie und schafft den notwendigen inneren Raum, sich weiter mit dem Bild zu beschäftigen. Es ist hilfreich, dass Agnes in ihrem Bild sehen kann, dass das gefährliche Tier von außen kam, bevor es sich im Inneren ihres Körpers einnistete, und dass es ursprünglich nicht zu ihrem Körper gehört hatte (Abb. 23).

Ich ermutige sie, es in ihrer Vorstellung aus ihrem Körper herauszunehmen und es gestalterisch an einen Ort zu bringen, wo es dem Teddy nicht gefährlich werden kann. Sie malt zunächst einen breiten schwarzen Rahmen um ihr Blatt und verstärkt ihn mit einem blauen »elektrischen Draht« und mit Gitterstäben. Dann setzt sie die Krake hinein (Abb. 24). Aus sicherem Abstand und mit den Augen der Erwachsenen betrachtend, stellt sie fest, dass diese viel kleiner ist, als sie vermutet hatte, und durchaus eingeschüchtert wirkt. Agnes bekommt Angst vor der inneren Leere, die in ihr entsteht, wenn die Krake nicht mehr in ihr ist. Ich rege sie an, in ihrem Bauch etwas Neues wachsen zu lassen, das diese Leere ausfüllt. Nun gestaltet sie einen zarten Rosenbusch mit vielen kleinen, rosafarbenen Blüten in ihren Bauchraum hinein.

4.3 Traumaexposition

4.3.1 Bildnerisches Gestalten in der Traumabearbeitung

Das innere Bild stellt einen Schlüssel zum traumatischen Ereignis dar. Es enthält sowohl szenische als auch affektive und körperliche Erinnerungen und gibt Auskunft über vorhandene Ressourcen. Wird das Bild gemalt, gewährt die Klientin der Therapeutin einen Einblick in die innere Situation während des Traumas, der für die Traumabearbeitung genutzt werden kann.

Zerhackt in tausend Stücke

Renate malt zu Beginn ihrer Therapie in einem dissoziativen Zustand ein Bild, das sie später als Szene aus einem wiederkehrenden Albtraum erkennt. Es zeigt einen dunklen Saal mit vergitterten Fenstern, in dem sich schwarz gekleidete Männer versammelt haben. Im oberen linken Bildraum befindet sich eine Tür, und neben der Tür bildet sie ab, was hinter der Tür geschieht: Ein kleines Mädchen wird in »tausend Stücke gehackt«. Die einzelnen Fragmente des Mädchens sind mit roter Kreide eingekreist. Am linken Bildrand befindet sich ein Leichenwagen mit einem Sarg darauf, der ebenfalls rot umrandet ist. Der Sarg ist mit den in kindlichen Buchstaben geschriebenen Worten ›Und lebt‹ unterlegt. Rechts im Bild steht eine kleine, engelhafte Gestalt mit blonden Haaren und einem hellblauen Kleid, die das Geschehen aus der Distanz beobachtet (Abb. 25).
In welchem Maße dieses Bild reale szenische Erinnerungen enthält und inwieweit Elemente aus Renates Erleben in der Sprache des

Traumes symbolisch verschlüsselt sind, lässt sich zunächst nicht sagen. Unabhängig davon gibt es Aufschluss über das Ausmaß der Katastrophe in Renates Erleben, über den körperlichen Schmerz, die Todesangst, die Todesgewissheit und die ungläubige Verwunderung darüber, dass ihr Körper das Trauma überlebt hat.

Durch die roten Umkreisungen weist sie im Bild auf die zentrale Erfahrung hin und hält gleichzeitig die Fragmente ihres Körpers zusammen. Indem ich sie im weiteren bildnerischen Prozess im Verwenden eines Rahmens unterstütze, realisiert sie ihre innere Möglichkeit, Fragmentierungs- und Auflösungstendenzen zu begegnen (s. S. 131 f.: Das Rettungsseil). Die kleine Figur, die das Geschehen aus der Distanz beobachtet, ist ein kindlicher Persönlichkeitsanteil, der den Körper verließ, während sie schweren Misshandlungen ausgesetzt war. Dieser Anteil wird zu einem späteren Zeitpunkt für die Traumabearbeitung wichtig werden, da er Renates Fähigkeit repräsentiert, über das Trauma zu berichten, ohne von Schmerzen und Affekten überschwemmt zu werden. Ich möchte an dieser Stelle auf das Kapitel ›Dem Trauma begegnen‹ in diesem Buch verweisen, das die wichtigsten Voraussetzungen für eine Traumaexposition beschreibt.

Das Triptychon

Die Grundidee der kunsttherapeutischen Arbeit mit dem Triptychon verdanke ich dem Kunsttherapeuten Udo Baer. Für die Traumabearbeitung habe ich es entsprechend abgewandelt. Die Aufteilung des Triptychons, das aus einem Mittelteil und zwei Seitenflügeln besteht, versetzt die Klientin in die Lage, das für das Trauma typische Erleben von Chaos und Auflösung in eine räumliche und zeitliche Struktur zu bringen.

Als Erstes lasse ich die Klientin einen Moment in ihrer Geschichte aufsuchen, der vor dem Trauma stattfand und in dem sie nicht bedroht war. Dieser Moment, bzw. ein Symbol dafür, wird in den linken Flügel gemalt. Im nächsten Schritt bitte ich sie, in die Zukunft zu gehen und sich in die Zeit zu versetzen, wenn das Trauma geheilt sein wird, und sie malt etwas zu dieser Vorstellung in den rechten Flügel. Um das Mittelfeld lasse ich sie zunächst einen sicheren Rahmen gestalten, der das Schlüsselbild für das Trauma begrenzt.

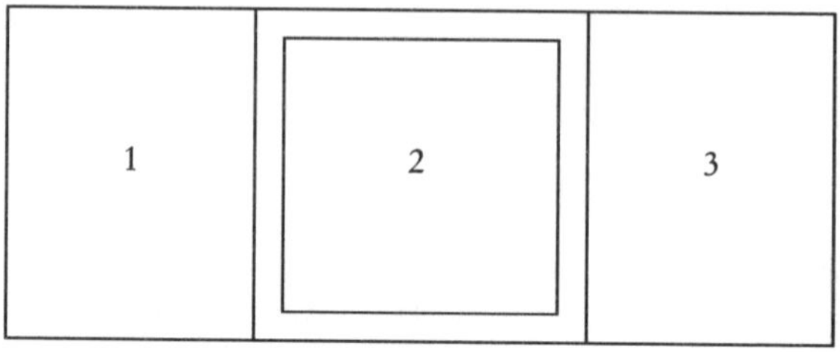

Das Triptychon

Handelt es sich um eine szenische Erinnerung, kann das Triptychon auch in der Vorbereitung auf die Traumabearbeitung genutzt werden, um die Szene in eine zeitliche Struktur zu bringen. Dann dient der linke Flügel als Feld für den Beginn der belastenden Situation, das Mittelfeld für den Höhepunkt, der rechte Flügel für das Ende der Szene. Für diese Vorbereitung gebe ich eine zeitliche Begrenzung, die es der Klientin nicht ermöglicht, sich in Details zu vertiefen, und lasse sie die Szene mit einem energetisch nicht geladenen Material (Bleistift) zeichnen, um ihr mehr Distanz zu ermöglichen. Es kann auch hilfreich sein, die Zeichnung von einem inneren Helfer oder inneren Beobachter anfertigen zu lassen. Der sichere Rahmen kann als zusätzliche Begrenzung dienen.

Das entstandene Triptychon dient während des gesamten Prozesses als Fokus und hilft dabei, ein spontanes ›Springen‹ in andere traumatische Erlebnisse zu verhindern. Es vermittelt der Klientin während des gesamten Prozesses eine Zeitstruktur, das ›Davor‹, das ›Währenddessen‹ und das ›Danach‹, sowohl bezogen auf das Trauma als auch auf die Traumabearbeitung. Es stellt während des Prozesses den gemeinsamen Bezugspunkt zwischen Klientin und Therapeutin dar. Faltet man die beiden Seitenflügel oder klebt die Einzelbilder entsprechend zusammen, so kann es geöffnet und geschlossen werden. Dieses Öffnen und Schließen unterstützt die Kontrolle und bewusste Entscheidung der Klientin, sich dem zu bearbeitenden Inhalt zuzuwenden oder sich zu distanzieren.

Das Trauma auf der Bühne

Sieht man ein Trauma als eine durch die Immobilitätsreaktion (P. Levine) unterbrochene und unvollendete Handlung an, so bietet die Traumabearbeitung die Chance zur Wiederherstellung der

Handlungsfähigkeit und zur Beendigung der unterbrochenen Handlung. Der Einsatz von Figuren ermöglicht eine dynamische Fortsetzung und Umgestaltung der Szene, bei der die Betroffene nun zur aktiv Handelnden wird. Mit Unterstützung der Helferfiguren oder der Erwachsenen der Gegenwart wird das traumatisierte Kind in die Lage versetzt, die rettende Flucht zu ergreifen oder den Täter in die Flucht zu schlagen.

Für die Rekonstruktion einer traumatischen Szene stelle ich für den oder die Täter Spielfiguren zur Verfügung (Räuber, Drachen, Gespenster, Monster), die nicht von der Klientin selbst gestaltet wurden, da ihr dies eine bessere Abgrenzung vom Täter ermöglicht. Die Idee des Einsatzes von Spielzeugfiguren in der Traumaexposition entstand in Zusammenarbeit mit dem Kunsttherapeuten Uli Sandkühler. Eine gemeinsame Patientin und begeisterte Sammlerin von Spielzeugfiguren brachte diese spontan in die Therapie ein.

Alle realen oder phantasierten Helfer sollten dagegen nach Möglichkeit selbst gestaltet sein, da diese in ihrer positiven Besetzung durch das eigenhändige Gestalten individueller und tiefer verankert sind. Die materielle Präsenz selbst gestalteter Helfer und Heilungssymbole trägt während des Prozesses dazu bei, den Kontakt zu den Ressourcen zu fördern und aufrechtzuerhalten. Für die Betroffene selbst/das traumatisierte Kind ermöglicht eine Spielfigur mehr Distanz, während eine selbst geformte oder gemalte Figur einen direkteren Zugang zum emotionalen und körperlichen Erleben erlaubt. Das Mittelfeld des Triptychons kann nun zur Handlungsfläche werden. Bei der Bearbeitung der Szene kann je nach Notwendigkeit zwischen der Ich-Identifikation und der Beobachter-Position gewechselt werden.

Ist ein Splitten der im Trauma gebundenen Erfahrung zur Entlastung der Klientin oder aus zeitlichen Gründen notwendig, können weitere Einzelgestaltungen den Prozess strukturieren. Jedes einzelne Erfahrungssegment kann mit Hilfe eines Rahmens begrenzt und in das Mittelfeld des Triptychons gelegt werden. Für eine Gestaltung, die sich vor allem mit Gefühlen und Körperempfindungen beschäftigt, eignet sich am besten der Einsatz von intensiven, energetisierenden Gouache- oder Temperafarben. Ein Malen mit Pinseln erlaubt mehr Distanz, das Malen mit Fingern einen direkteren Zugang.

Das Formen mit Tonerde kann durch die taktile Erfahrung ebenfalls den Zugang zu emotionalem und körperlichem Erleben erleichtern und verstärken. Ein vorgegebener Körperumriss kann die Strukturierung und Differenzierung von diffusen Körperzuständen unterstützen. Alle Gedanken und gesprochenen Worte können aufgeschrieben und in das Mittelfeld des Triptychons hineingelegt werden. Auch das Schreiben selbst kann mit Hilfe des Triptychons (Beginn, Hauptszene, Schluss) strukturiert werden, indem das Schreibpapier entsprechend aufgeteilt wird.
Wenn die Traumabearbeitung in mehreren Sequenzen stattfindet, wird die Gestaltung am Ende jeder Sitzung verpackt bzw. das Triptychon geschlossen. Jede Sitzung endet mit der Kontaktaufnahme zu einem Heilungssymbol oder einer heilenden Übung. Ich bevorzuge eine Imagination, bei der die Klientin ein Symbol in der Hand hält, das mit einer positiven Erfahrung verknüpft ist. Das Symbol, das sie mitnimmt, dient ihr zwischen den Sitzungen als Anker und Erinnerung.

Die Puppe und der Drache

Gisela kam in die ambulante Therapie, weil sie in besonderen Belastungssituationen »Black-Outs« hatte. Sie fühlte sich dann, als sei sie nicht mehr in ihrem Körper, hatte Lähmungsgefühle in Armen und Beinen und fühlte sich im Halsbereich »wie zugeschnürt«. Außerdem bereitete es ihr Sorgen, dass sie sich in ihrer Partnerschaft bei Körperkontakt angespannt und kontrolliert erlebte. Eine besondere Belastung in ihrer Lebensgeschichte war ein längerer Krankenhausaufenthalt im Kleinkindalter. Sie wusste außerdem, dass »was Schlimmes passiert ist«, als sie als Neunjährige mit ihren Eltern auf einem Bauernhof Ferien machte. Während die Eltern einen Ausflug in der näheren Umgebung unternahmen, besuchte sie ein junges Fohlen im Pferdestall des Hofes. Dort wurde sie von einem Angestellten überrascht, als sie in einer der Pferdeboxen auf dem Boden hockte und das Fohlen streichelte. Sie erinnerte sich an den Schreck, als zwei riesige schmutzige Gummistiefel die Box betraten, und daran, dass sie sich später mehrmals übergeben musste und sich »schmutzig und krank« fühlte.
In einer vorangegangenen Sitzung hatte Gisela als inneren Helfer ein braunes Pferd gefunden, das sie aus Tonerde formte. Dabei er-

innerte sie sich daran, dass die Mutter des Fohlens in der Box daneben stand und wohlwollend zuschaute, als sie das Fohlen streichelte (Abb. 26).

In den linken Seitenflügel ihres Triptychons malt sie ein kleines Fohlen hinein, das Freude und Zärtlichkeit, Vertrauen und Unbefangenheit symbolisiert. Der rechte Seitenflügel zeigt ihr Symbol für die Zukunft: Ihren Körper, der mit einem hellen, gelben Licht ausgefüllt und »von allem Schmutz gereinigt« ist. Ins Mittelfeld zeichnet sie mit einem Bleistift in einen dicken, schwarzen Rahmen eine Skizze ihres Erinnerungsbildes. Es zeigt eine kleine, hockende Figur und zwei große Gummistiefel. Zum Ende dieser Sitzung bedecke ich den linken und den mittleren Teil des Triptychons mit gelbem Papier, sodass nur die Zukunftsvision zu sehen ist. Ich beende die Sitzung mit einer angeleiteten Imagination, in der sie in ihrer Vorstellung ihren ganzen Körper von einem hellen, gelben Licht durchfluten lässt und sich auf diese Weise innerlich ›reinigt‹. Als Symbol für ihre Zukunft sieht sie während der Übung einen Bergkristall vor ihrem inneren Auge. Dann lasse ich sie das Triptychon schließen und bitte sie, bis zur nächsten Sitzung einen Bergkristall zu suchen, den sie bei sich tragen kann.

In der nächsten Sitzung legt Gisela einen kleinen Bergkristall neben sich und stellt ihrem Pferd noch eine »Hexe, die zaubern kann« zur Seite. Das Triptychon liegt in eineinhalb Metern Entfernung vor uns auf dem Boden. Beide Helfer postiert sie am Rand des Mittelfeldes (Abb. 27). Als Repräsentanz für den Täter sucht sie einen feuerspeienden Drachen und für sich selbst eine kleine Puppe mit einem weißen Spitzenröckchen aus, die sie nun im Mittelfeld positioniert.

Als sie die Feuerzunge des Drachens näher auf die Puppe zubewegt (Abb. 28), gerät Gisela in einen dissoziativen Zustand. Sie wird blass und bewegungslos, ihr Blick ist starr in die Ferne gerichtet. Ich lege ihr ein kleines Stück Tonerde in die Hand. Zunächst muss ich ihre Hände mit meinen Händen von außen unterstützen, damit sie den Ton halten und bewegen kann. Ich weise sie immer wieder an, den Blick auf die Hände zu richten und den Ton ohne Unterbrechung zu kneten. Nach etwa einer Minute werden die Bewegungen kräftiger, und sie beginnt, den Ton beim Kneten im rhythmischen Wechsel zwischen beiden Händen hin und her zu bewegen. Nach etwa drei Minuten ist Gisela wieder

präsent und beginnt zu weinen. Ich hole das Pferd (ihren Helfer) näher heran und sage: »Das Pferd stand in der Nachbar-Box und hat alles gesehen.« Zu ihrer Entlastung lasse ich sie das Pferd erzählen, was die Puppe mit dem Drachen im Stall erlebt hat. Ich unterstütze sie darin, in dieser distanzierten Erzählweise zu bleiben und die Tonerde rhythmisch in ihren Händen zu bewegen.
Dann schließe ich das Triptychon, verpacke den Drachen in einen Karton und lege Gisela die Puppe in die Hand mit der Frage, wo die Puppe bis zur nächsten Sitzung am besten aufgehoben sei und was sie bis dahin brauche. Gisela baut ihr ein Nest aus Federn und Stoffbändern, in das sie die Puppe hineinsetzt, bewacht von den Helferfiguren (Abb. 30). Ich beende die Sitzung mit der Imagination des hellen, gelben Lichtes (s. o.). Den Bergkristall, den sie während der Übung in der Hand hält, nimmt sie mit.
In der nächsten Sitzung stehen Ekel und Wut im Vordergrund. Von der aufsteigenden Übelkeit, dem Würgereiz und Enge im Hals kann Gisela sich entlasten, indem sie symbolisch mit Farben alles auf ein Papier ›kotzt‹, was ihr Körper nicht haben will. Sie tut es, indem sie braune, schwarze und giftgrüne Flüssigfarbe mit einem dicken Pinsel auf ein Papier schleudert. Dies lindert die Körpersymptome und bringt sie in Kontakt mit ihrer Wut. Nun kommt die Hexe zum Einsatz, stellt sich zwischen die Puppe und den Drachen und sagt erst etwas zaghaft und dann lauter: »Hau ab, du Mistkerl!« (Abb. 29) Mehrere Male schlägt sie mit Wucht einen großen Klumpen Tonerde auf ein Brett. Mit Unterstützung der Hexe sperrt sie den Drachen in einen Drahtkäfig.
Es bedurfte weiterer Sitzungen, in denen Scham- und Schuldgefühle, Verlassenheit und Trauer im Vordergrund standen. Den Schmutz, die Scham und die Schuld gab sie an den Täter zurück, indem sie das ausgeschnittene Mittelfeld des Triptychons in kleine Fetzen riss und dem Drachen zum Fraß vorwarf. Dann wurde er von der Hexe in einen Stein verzaubert, sodass er keinen Schaden mehr anrichten konnte. Die kleine Puppe ließ sie auf ihrem Pferd in die Zukunft reiten (Abb. 31).

4.4 Der (vorläufige) Abschied

Zum Ende einer Therapie – bei einer Intervalltherapie zum vorläufigen Ende – rege ich die Klientin an, ihre während der Therapiezeit entstandenen Gestaltungen zu ordnen: 1. Welche Gestaltungen stellen positive Entwicklungen dar, werden als heilend, kraft- und trostspendend erlebt, sind richtungsweisend für eine bessere Zukunft? 2. Welche Gestaltungen beschäftigen sich mit belastendem Material aus der Vergangenheit, dessen ständige Präsenz nach dem (vorläufigen) Ende der Therapie destabilisierend sein könnte? 3. Gibt es Gestaltungen, deren Inhalte die Klientin entschieden zurückweisen und hinter sich lassen möchte?

Dieses Ordnen kann mit einer gemeinsamen Bilanz verbunden werden. Nachdem die Gestaltungen in diesem Sinne sortiert sind, werden die belastenden Bilder sicher verpackt und zugeklebt. Ich gehe mit der Klientin auf die Suche nach einem Ritual, mit dessen Hilfe sie sich von den Gestaltungen trennen kann, die sie nicht mitnehmen möchte. Hier folge ich ihren Ideen. Das Ritual beinhaltet die Wertschätzung der betreffenden Gestaltung als wichtiger Bestandteil des Therapieweges. Eine Klientin zündete eine Kerze und eine Duftlampe an und verbrachte eine Stunde damit, bestimmte Bilder in kleine Schnipsel zu zerschneiden, die sie dann sorgfältig in einer Tüte sammelte, um sie in der Nähe ihres Heimatortes auf einem hohen Aussichtsturm dem Wind zu übergeben. Ungebrannte Tonfiguren können der Erde zurückgegeben werden, indem man sie in Wasser auflöst oder vergräbt. Ein solches Trennungsritual unterstütze ich nur dann, wenn die Klientin in der Lage ist, eine selbstverletzende Zerstörung von einer befreienden Trennung zu unterscheiden. Dann bitte ich die Klientin, sich darüber klar zu werden, wie und wo sie ihre ›Schätze‹ aufbewahren möchte.

Ein auf solche Weise vorbereiteter Abschied trägt dazu bei, dass die Klientin sich aktiv mit ihrem Abschied aus der Therapie und der Zeit danach auseinander setzt und die volle Verantwortung für sich und ihre Gestaltungen übernimmt. Nach einem günstigen Therapieverlauf erlebt sie die während der Therapie entstandenen Gestaltungen als einen Schatz, der über die Therapie hinaus ihren inneren Reichtum bezeugen kann. Das Erleben der eigenen konstruktiven Kraft und das wachsende Bewusstsein über die eigene Wandlungsfähigkeit, die solche Gestaltungen repräsentieren, ist dann für sie eine zutiefst beglückende Erfahrung, und dies gilt auch für mich, wenn ich einen solchen Prozess begleiten durfte.

Aus Darstellungsgründen wurden hier die Phasen des kunsttherapeutischen Prozesses modellhaft als Gesamtes präsentiert. In der Praxis können die verschiedenen Formen imaginativer Therapie parallel verlaufen, sich gegenseitig unterstützen und bereichern. Im Folgenden wird nun wieder der größere Rahmen der Imaginationstherapie aufgenommen, den die Leserin, der Leser, mit Abschluss der »Traumakonfrontation« verlassen hat.

5. Teil

Die eigene Geschichte annehmen und integrieren

Hoffnung ist nicht Optimismus.
Nicht die Überzeugung,
dass etwas gut ausgeht,
sondern die Gewissheit,
dass etwas einen Sinn hat,
ohne Rücksicht darauf,
wie es ausgeht.

Vaclav Havel

Eine traumatische Geschichte annehmen ist nicht leicht. Manche meinen, jeder Mensch mache traumatische Erfahrungen und man solle nicht so ein Aufhebens darum machen. Selbst wenn das wahr wäre, so scheint zu gelten, dass wir das, was uns Schmerz bereitet hat, betrauern müssen, damit wir es akzeptieren können.
Ich werde im Folgenden einige Möglichkeiten aufzeigen, wie man mittels Imagination den Trauerprozess unterstützen kann. In einer früheren Veröffentlichung hatte ich den Trauerprozess anhand des Märchens »Aschenputtel« dargestellt. Diesmal will ich andere Möglichkeiten beschreiben, die den Prozess begleiten können. Im Übrigen sollten die Übungen und vorgestellten Bilder als Ergänzung einer üblichen Psychotherapie verstanden werden, die ich hier nicht näher zu beschreiben brauche.

5.1 Der Trauer eine Gestalt und Raum geben

Von Inge Wuthe (1995) gibt es eine schöne Geschichte »Das Märchen von der traurigen Traurigkeit«, die davon erzählt, dass die Trauer eine alte, traurige Frau ist. Sie ist traurig, weil niemand sie haben will. Die Hoffnung begegnet ihr, nimmt sie in den Arm und lädt sie ein, einmal zu weinen. Ähnlich kann die Patientin ihre Trauer einladen.

Man kann sich das weiter oben bereits einmal erwähnte Haus vorstellen, in dem jedes Gefühl ein eigenes Zimmer hat. Und dort erhält die Trauer das ihr gebührende Zimmer. Vielleicht sollte es besonders liebevoll ausgestaltet werden, damit man sich wohl fühlt, wenn man der Trauer einen Besuch abstattet.

Gerade weil viele Menschen vor der Trauer Angst haben, kann es wichtig sein, dass sie die Trauer besuchen, nicht umgekehrt. Vielleicht geht es zunächst nur in der Therapie und erst nach und nach auch alleine.

Auch die Verzweiflung und alle anderen Gefühle, die zum Trauerprozess gehören, können eine Gestalt und einen Raum bekommen.

Die schwierigen Gefühle können zunächst erst einmal von der Türschwelle aus angeschaut werden, man muss nicht sofort in das Zimmer hineingehen. Erst nach und nach macht man sich mit den Gefühlen vertrauter und kann schließlich einen Besuch wagen.

Auf diese Art wird wieder sehr behutsam an ein schwieriges Gefühl herangegangen, ohne dass das Ich überfordert und überwältigt wird. Obwohl wir davon ausgehen können, dass nach einer geglückten Traumaexposition viel mehr psychische Energie zur Verfügung steht und das Ich erstarkt ist, halte ich eine sanfte Begegnung mit schmerzlichen Gefühlen auch weiterhin für empfehlenswert.

Nach dem Besuch der Trauer besteht die Möglichkeit, die Hoffnung, die Zuversicht, ja vielleicht sogar die Freude zu besuchen und auch an dieser Stelle wieder für ein Gegengewicht zu sorgen. Es mag aber auch sein, dass ein längeres Verweilen bei und mit der Trauer *vonnöten* ist. Die Patientinnen und Patienten spüren, *was Not tut.* Vielleicht mag die Patientin auch, wie im Märchen, die Hoffnung dazuholen. Nach einer geglückten Traumaexpositionsphase und bei genügender Stabilität ist es in dieser Phase nicht mehr so stark erforderlich, auf die innere Balance zu achten. Jetzt kann die Patientin auch längere Phasen der Trauer und schmerzhafter Gefühle ertragen, ohne dekompensieren zu müssen.

5.2 Briefe schreiben

Zahlreiche Autoren empfehlen, Briefe zu schreiben an alle diejenigen, von denen man das Gefühl hat, dass man sich von ihnen noch nicht angemessen verabschiedet oder die Beziehung noch nicht genügend geklärt hat im Falle von noch Lebenden. Briefe, in denen man alles zum Ausdruck bringt, was man sagen möchte. Natürlich auch Ablehnung, Feindseligkeit, Schmerz, Ärger. Eine besonders schöne Variante dieses Vorgehens ist die von Christine Longacker (Wetzel, 1999) vorgeschlagene. Man stellt sich vor, dass die andere Person einem antwortet, und zwar wohlwollend. Man schreibt jeden Tag einen Brief und anderntags die Antwort, so lange, bis alles gesagt und ausgetragen ist. Dieser Prozess kann sehr lange dauern. Oft ist es nicht mit einigen wenigen Briefen getan. Ich empfehle diese Arbeit erst, wenn die Patientin sich mit ihrer Trauer und anderen Gefühlen sicher fühlt. Denn wenn sie die Briefe schreibt, erlebt sie im Allgemeinen sehr viel Trauer und Schmerz. Ich empfehle ausdrücklich, diese Briefe *nicht abzuschicken.*

5.3 Dem ganz alten Menschen, der man sein wird, begegnen

Das innere Team wurde bereits bei den Stabilisierungsübungen vorgestellt. Im Trauerprozess ist der alte Mensch, der man sein wird oder evtl. auch der Archetyp der oder des weisen Alten, oft sehr hilfreich. Der alte Mensch weiß um Tod und Vergänglichkeit. Er weiß um menschliche Schwächen und Gemeinheiten und kann diese relativieren. Es ist erstaunlich, wie viel Weisheit diese inneren Gestalten einem zur Verfügung stellen können, ohne dass sie beschönigen.

Es war einmal ein alter Mann. Er lebte allein in einem alten Haus inmitten eines Gartens, so groß, dass es mancher Tage bedurfte, ihn zu durchmessen. Damals, als er alt geworden war und keiner mehr ihn brauchen konnte, war er bitter geworden. Wie die Jahre ins Land gingen, verließ ihn seine Bitterkeit, und er wurde leicht.

Da vernahm er eines Tages einen Ruf. »Geh und sammle die Tage, die nicht sein sollen!«
Derer gab es viele.
Und da er leicht wie eine Feder geworden war, ließ er sich von den Winden in alle Himmelsrichtungen tragen, wann immer ein Tag irgendwo auf der Welt nicht sein sollte.
Er sammelte Tage, an denen Menschen das Liebste verloren, was sie hatten, Tage, an denen ein Schmerz sich in das Herz eines Menschen grub, Tage ohne Trost, Tage, an denen das Leben eine Last war, verfluchte Tage, Tage der Dunkelheit, Tage des Zorns, Tage der Sinnlosigkeit. Immer gab es einen, der sagte: »Dieser Tag sollte nicht sein.« Der alte Mann sammelte sie alle ohne Ansehen ihrer Geschichte. Einer wog ihm gleich viel wie der andere. Manchmal gab es auch Freudentage, von denen einer sagte: »Dieser Tag sollte nicht sein!«
Sanft trug er sie mit dem Wind in seinen Garten und legte sie in die Erde; und der Regen fiel auf die Erde, die Sonne gab ihr Licht, bis der Schnee alles bedeckte. Nach Jahr und Tag wuchsen Blumen und Bäume, deren Duft so süß war, dass sie die seltensten und schönsten Falter anlockten.
Das war ein Blühen und Summen in diesem Garten, wie keiner es noch je gesehen und vernommen hatte. So lebte der alte Mann mit den Tagen, die nicht sein sollten.
Eines Tages hörte er wieder einen Ruf: »Nun nimm die Samen aus deinem Garten und bring sie in die Welt!«
Und wieder ließ er sich von den Winden in alle Richtungen tragen, und diesmal säte er seine Samen hierhin und dorthin. Alle Blumen und Bäume, die aus den Samen wuchsen, dufteten so süß, wie noch keiner es erlebt hatte.
Da kamen die Menschen zu den Blumen und Bäumen, ihre Gesichter wurden hell, und sie sagten: »Oh, was für ein schöner Tag, was für ein schöner Tag, wenn er doch nie ein Ende hätte.«
Da lächelte der alte Mann. Und sammelte die Tage, die nicht sein sollten.

5.4 Rituale

Rituale sind in Handlung umgesetzte Imaginationen. Sie scheinen im Trauerprozess besonders wichtig zu sein. In unserer Kultur sind die Beerdigungsrituale ein kümmerlicher Rest davon. In der Therapie hat es sich für uns bewährt, dass die Patienten selbst die ihnen gemäße Form eines Rituals finden. Briefe schreiben kann ein Teil des Rituals sein. Anschließend empfinden es viele Patienten als hilfreich, diese Briefe zu verbrennen oder zu begraben. Auch symbolische Gegenstände werden manchmal begraben. Patienten, die gerne ein Ritual ausführen möchten, sind meist auch sehr einfallsreich hinsichtlich seiner Gestaltung.
Peter Levine betont, dass in anderen Kulturen traumatische Erfahrungen häufig mit Hilfe von Ritualen, die von der Gemeinschaft durchgeführt und getragen werden, geheilt werden.

5.5 Geschichte(n) neu erfinden und erzählen

Bei der Glücksübung tauchte bereits die Vorstellung auf, zumindest in Bezug auf die Zukunft, die eigene Geschichte zu erfinden und so viel Glück beizumengen, wie man möchte. Dies geht auch, bezogen auf die Vergangenheit, wenn man sich mit der Idee anfreunden kann, dass wir in der Lage wären, parallele Realitäten zu erleben. In jüngster Zeit hat z. B. der Film »Lola rennt«, der sehr erfolgreich war, dies aufgegriffen. Es gibt auch den Spruch, dass es nie zu spät sei, sich eine schöne Kindheit zu erschaffen, der in die gleiche Richtung zielt. Wer Spaß hat, so zu spielen, denn dies ist Spiel, kann auf diese Art trauern und neu beginnen.

5.6 Schuld und Sühne

Für Menschen, die durch andere traumatisiert wurden, ist dies ein zentrales Thema. Meist fühlen sie sich schuldig, obwohl sich doch eigentlich die Täter schuldig fühlen müssten. Diese introjizierten Schuldgefühle lassen sich imaginativ zurückgeben, z. B. dadurch, dass sie verpackt und dann »zurück an den Absender« geschickt werden. Ähnliches wird auch von Klaus Grochowiak (a.a.O.) empfohlen. Das« Zurück an den Absender« hilft auch bei anderen Gefühlen, die durch Identifikation und Introjektion entstanden sind, aber bei Schuldgefühlen ist dieses Bild besonders hilfreich. Ich empfehle daher, immer erst zu klären, inwieweit Schuldgefühle Täterintrojekte sind, und entsprechend zu verfahren. Erst danach sollte man an den Ich-näheren Schuldgefühlen arbeiten.

Schuldgefühle dienen im Fall von Traumatisierungen *meist* der Abwehr von Ohnmacht. Besser schuldig als ohnmächtig. Sie lösen sich häufig durch die Traumaexposition und die Durcharbeitung der Ohnmachtsgefühle auf. Wenn nicht, kann das erwachsene Ich von heute mit dem jüngeren Ich eine Konferenz abhalten. Das erwachsene Ich von heute wird früher oder später das jüngere Ich überzeugen. Wenn nötig, kann ein Helfer dazugebeten werden.

Sühne und Versöhnung klingen verwandt, haben aber etymologisch nichts miteinander zu tun.

Wenn Opfer auch Täter waren, besteht häufig ein Bedürfnis nach Sühne. Hier haben sich ebenfalls Rituale und symbolische – gelegentlich auch konkrete – Wiedergutmachungen als hilfreich erwiesen. Werden die inneren Helfer um Rat gefragt, gibt es klärende Antworten und Hinweise.

Schwieriger ist es, wenn ein Wunsch nach Sühne durch die Täter besteht. Es ist wichtig, dass die Therapeutin dieses Bedürfnis anerkennt und würdigt. Jedoch kann sich der Wunsch nach Sühne der Täter ebenso wie Rachewünsche letztlich als eine Fessel erweisen. Auch Hass kann ein sehr wirksamer »Klebstoff« sein, sodass die Lösung dieser Fesseln sinnvoll und notwendig sein kann. Damit will ich allerdings keineswegs sagen, dass Hass (und Sühnebedürfnisse) nicht sein sollte. Zu Beginn der Trauerphase bzw. nach einer Traumaexposition ist Hass sehr gesund. Es geht hier um den persistierenden und nicht enden wollenden Hass, der bindet statt zu befreien.

Krystal (a.a.O.) empfiehlt, sich selbst in einem Lichtkreis zu imaginieren und die andere Person in einem zweiten Lichtkreis, der den eigenen berührt, aber nicht in ihn übergeht. Sich mittels dieses Bildes bewusst zu machen, jeder ist geschützt in seinem Licht, ist – auch bei Schuldgefühlen, die ebenfalls ein hervorragender »Klebstoff« sind – sehr entlastend. Nachdem mit diesem Bild, das

einer Acht ähnelt, einige Zeit gearbeitet wurde, kann sich ein imaginatives Ritual anschließen, bei dem zunächst die Fesseln, die einen an die andere Person binden, visualisiert werden, dann werden die Fesseln durchtrennt und vernichtet. Schließlich findet ein reinigendes Bad statt, und man zieht sich neue Kleider an. Krystal nimmt mit dieser Imagination uralte Rituale auf und bringt sie so zur Wirkung. Ich arbeite mit dieser Imagination seit über 10 Jahren und bin immer wieder überrascht, wie heilsam sie binnen kurzer Zeit sein kann.
Die Übung der Acht ist in unserer Arbeit eine der wirksamsten im Zusammenhang mit Loslösung und Abgrenzung und kann deshalb auch bereits in der Stabilisierungsphase Verwendung finden.
Nachdem das imaginative Ritual durchgeführt wurde, arbeite ich jeweils mit den Patientinnen an den verschiedenen Situationen, in denen sich *aktuell* die entsprechenden Gefühle geäußert haben. Es kann dann imaginiert werden, wie sich die Loslösung auf das aktuelle Verhalten auswirken wird. En detail können neue Szenen durchgespielt und so erprobt werden.
In der Trauer- und Integrationsphase wird das Imaginieren immer wichtiger, um Probehandeln zu ermöglichen und zu unterstützen.

5.7 Sinnfragen

»Was hat das alles für einen Sinn?« oder »Warum ist mir das geschehen?« sind Fragen, denen man in der Arbeit mit Traumatisierten nicht ausweichen kann. Ursula Wirtz und Jürg Zöbeli (1995) haben darüber ein schönes und wichtiges Buch geschrieben mit dem Titel »Hunger nach Sinn«.
Innere Helfer geben dazu oft tiefgründige Antworten, und es ist immer wieder überraschend für mich, dass hier Antworten zur Verfügung gestellt werden, die so weise sind wie die Antworten der weisesten Meister.
Eine Patientin ist tief verzweifelt darüber, dass ihr all diese Demütigungen und Schrecken widerfahren sind. Warum hat Gott sie nicht geschützt? Warum hat sie ihr halbes Leben verpasst durch die Traumatisierungen und deren Folgen. Plötzlich – sie ist bereits sehr vertraut mit Imagination – hält sie inne und sagt staunend:

»Ich sehe ein wunderbares Licht, es macht mich ganz ruhig, aber auch unruhig, weil ich es nicht verstehe.« Ich frage sie, ob sie irgendeine Antwort für ihre eben gestellten Fragen erbitten möchte. »Wenn ich in diesem Licht bin, dann ist alles gut, wie es ist und wie es gewesen ist, es gibt gar keine Fragen mehr. Ich kann es lassen, obwohl es so furchtbar ist.«

Dies entspricht Antworten, wie sie z. B. von Zen-Meistern gegeben werden. Die Patientin verbindet sich von da an mit ihrem Licht, wenn sie sich verzweifelt fühlt. In diesem Fall war es wichtig, dass ich ihr diese Lichterfahrung als Ressource bestätigte. Man kann sich fragen, was geschehen wäre, wenn ich stattdessen eine Deutung gegeben hätte, dass dieses Bild des Lichtes eine Flucht, ein Ausweichen vor den belastenden Gefühlen ist.

Derartige Bilder zu finden ist *eine* mögliche Lösung, die nicht für jeden gilt. Jede Person muss ihre eigenen Antworten finden, und das heißt auch, dass für manche gilt, dass es gar keine Antwort gibt.

Jedwede Deutungsmacht erscheint mir hier fehl am Platz.

Eine andere Geschichte will ich noch zur Verfügung stellen: »Ein Schüler wird von seinem Meister aufgefordert, Wasser in einem Weidenkorb herbeizutragen. Der Schüler tut, wie ihm aufgetragen ist. Zehnmal geht er zum Brunnen, schöpft das Wasser in den Korb und trägt es zum Haus des Meisters. Jedesmal erscheint ihm sein Tun vergeblicher, denn er verliert das Wasser unterwegs. Schließlich geht er zum Meister und sagt, dieses Tun sei sinnlos, er wolle es nicht fortsetzen. Darauf der Meister: Der Korb ist jetzt rein.«

5.8 Dankbarkeit und Versöhnung

Ist die Arbeit sehr weit fortgeschritten, kann ein Moment eintreten wie bei der oben erwähnten Patientin, dass die Dinge »einfach« sein dürfen, wie sie sind. Dann können sich manche Traumatisierte Dankbarkeit »leisten«. Sie können beginnen wahrzunehmen, dass die schmerzliche Erfahrung – letztendlich – zu ihrem Wachstum beigetragen hat. Dies gilt nicht immer und nicht für alle. Aber es kann *eine* Möglichkeit sein, die ich nicht unerwähnt lassen möchte.

Menschen zu danken oder sich mit ihnen zu versöhnen, die einem nach üblichen Maßstäben geschadet haben, ist für viele nicht vorstellbar und auch nicht möglich, ja in manchen Fällen wäre dies eine erneute Verletzung. Daher sollte dies nach meinem Verständnis auch kein therapeutisches Ziel sui generis sein. Wenn es sich dennoch ergibt, ist es ein Geschenk, das einen Menschen reich machen kann. Darauf ausdrücklich hinzuarbeiten, wie dies mancherorts empfohlen wird, wenn die Patientin nicht will, halte ich für Gewaltanwendung.

5.9 Neu beginnen

Ich habe schon darüber gesprochen, dass wir jeden Tag neu beginnen, genau genommen in jedem Augenblick. Neu beginnen nach einer Phase der Traumakonfrontation und des Trauerns ist nicht leicht, denn man bedenkt, wie sehr die Traumatisierung jede Faser des Lebensgewebes durchdrungen hat. Neu beginnen bedeutet also Durcharbeiten, viele, viele kleinere und größere Schwierigkeiten des Alltags. Wahrnehmen, was gelingt, neue Lösungen erproben, erkennen, dass es »normal« ist, schmerzliche Gefühle zu haben und diese zuzulassen:

Zuerst nach dem Grauen
Überleben lernen.
Misstrauen lernen
Die Zähne zusammenbeißen lernen
Sich verschließen lernen
Nichts mehr davon wissen wollen lernen
Durchhalten und kämpfen lernen.
Dann – vielleicht
weil dein Hartsein
dich langsam zu töten beginnt –
dem Leiden einen Namen geben.
Das Schweigen brechen.
Dem Schrei erlauben,
das Herz zu verbrennen
und die Welt
in Asche versinken lassen. Mit trockenen Tränen

das Licht löschen
stumm werden
in der Dunkelheit!

Jetzt – endlich
der Stille lauschen.
Einem anderen Leuchten
Raum geben und sich davon
berühren lassen.

Und dann
leben lernen
hoffen lernen
lächeln lernen
berühren und berührt werden lernen
vertrauen lernen
lieben lernen.

Wesentlich erscheint mir in dieser Phase, Patientinnen und Patienten zu ermutigen, ihre Gefühle anzunehmen, jetzt, wo sie nicht mehr dissoziieren. Dies ist oft ein langer Weg, aber genau genommen ist dies das »normale Geschäft« jeder Psychotherapie seit jeher. Deshalb ist es auch nicht erforderlich, dies hier allzu sehr zu vertiefen. Im Sinne dieses Buches und der Beschäftigung mit imaginativen Techniken möchte ich eine Übung empfehlen:
Die Patientin wird gebeten, auf ein Blatt alles aufzuschreiben, was sie sich von einem Menschen, von dem sie sich geliebt fühlt, wünscht. Anschließend wird sie eingeladen, sich zu fragen, was von dem, was hier steht, gebe ich mir selbst. Meist kommt heraus, dass die Patientin sich sehr wenig selbst gibt, und damit hat sie sich selbst und der Therapeutin nun eine Leitlinie zur Verfügung gestellt, woran gearbeitet werden kann. All die Dinge, die sie sich wünscht, können nun daraufhin geprüft werden, wie sie sich diese Dinge mehr und mehr selbst geben kann. Imagination als Probehandeln kommt dann wieder und wieder zum Zug. Auch die Helfer können wieder häufig zu Rate gezogen werden und das Innere Team.
Eine wichtige Lösung zeigt das Märchen vom »hässlichen Entlein« auf. Es geht darum, diejenigen zu finden, die wirklich zu einem passen. Solange man nicht weiß, wer man ist, oder versucht, sich

auf eine Weise zu verhalten, die nicht zu einem passt, ja sogar gänzlich gegen die eigene Natur geht – das Entlein soll Mäuse jagen bzw. Eier legen –, fühlt man sich traurig und verzweifelt. Erst wenn man sich zu denen gesellt, die einem gleichen, kann man sich wohl fühlen. Ich arbeite gerne mit diesem Märchen, um herauszuarbeiten, dass es wichtig ist, die Seelenverwandten zu finden, und dass dies ein Akt der Selbstliebe ist.

Nur der Vollständigkeit halber erwähnt, nicht ausgeführt werden kann die letzte Therapiephase, deren Ziel es ist, die Patientin in ihrer Konfliktfähigkeit zu unterstützen. Neue Formen, mit Konflikten umzugehen oder Konflikten standzuhalten, werden in dieser Phase erarbeitet. Doch damit befinden wir uns in einem anderen Buch.

Ich bedanke mich bei meinen Leserinnen und Lesern, die mir bis hierher gefolgt sind.

Phasen der Traumatherapie

- **Ein Arbeitsbündnis herstellen**

  Achtung: Das Arbeitsbündnis muss immer wieder neu gesichert werden. Viele Probleme in Behandlungen entstehen dadurch, dass dies nicht genügend beachtet wird.
  Nach jeder Traumakonfrontation ist erst wieder erneute Stabilität zu erarbeiten.

- **Stabilisierung erarbeiten**

- **Traumakonfrontation**

- **Integration und Neubeginn**

- **Umgang mit der therapeutischen Beziehung**

  Die Th. und die erwachsenen Anteile der Patientin arbeiten zusammen, sodass die erwachsenen Teile lernen können, sich um die »verletzten Kinder« zu kümmern
  - Keine Regression in der Beziehung.
  - Übertragungsverzerrungen werden sofort benannt und abgebaut.
  - Regression findet innerhalb des Systems statt (»innere Bühne«).
  - Th. tut alles, um Gefühl von Sicherheit zu fördern.

- **Stabilisierungsphase**

  Prinzip: Stressreduktion; kein zusätzlicher Stress durch Behandlungsangebot
  - Coping-Strategien anerkennen und würdigen.
  - Wissen vermitteln über Folgen von Trauma.
  - Vermittlung von heilsamen Imaginationen und Kognitionen.
  - Erlernen von Affektregulierung und -differenzierung.
  - Sicherheit (innen und außen) aufbauen.

- (Alle) Ressourcen herausfinden und nutzen lernen.
- Ansprechen von Übertragungsverzerrungen.
- Differenzierte Körperwahrnehmung und liebevollen Umgang mit dem Körper lernen.
- Kontrollierten Umgang mit traumatischem Material erlernen.

- **Psychotherapie auf der inneren Bühne**

- Innerseelisches wird als Gestalt, d. h. als verschiedene Gestalten, beschrieben.
- Dadurch wird das innere Drama handhabbar (Kontrolle).

a) **Umgang mit Täterintrojekten**

- Das Täterintrojekt benennen.
- Ihm eine Gestalt geben.
- Helfer im Kampf gegen die böse Gestalt finden.
- Die böse Gestalt unschädlich machen.
- Den Schatz der bösen Gestalt finden und sich aneignen.
- Sich bewusst machen, wie sich der Schatz im Leben auswirkt.

b) **Umgang mit dem inneren Kind**

- Mit dem Kind in Kontakt gehen, das ressourcenvoll ist/war. Seine Kraft spüren.
- Dem Kind versichern, dass es einem wichtig ist, dass man von jetzt an für es da sein will.
- Sich Zeit lassen, mit diesem Kind wirklich in Kontakt zu sein.
- Mit dem Schmerz des Kindes in Kontakt gehen, z. B. sich seinen Kummer anhören oder auf andere Art den Schmerz zur Kenntnis nehmen.
- Das Kind aus der Szene herausholen.
- Mit dem Kind an den sicheren Ort gehen.
- Falls die erwachsene Person von heute Schwierigkeiten hat, mit dem Kind einen tröstenden Kontakt herzustellen: die idealen Eltern installieren.
- Dann holen die idealen Eltern das Kind aus der Szene heraus, trösten es und bringen es an den sicheren Ort.
- In der Stabilisierungsphase sollte das Kind grundsätzlich

aus belastenden Szenen herausgeholt werden.
- Erklären, dass es nicht darum geht, etwas zu verleugnen. Das, was heute schmerzt, sind die alten Bilder.

- **Allgemeine Elemente der Traumakonfrontationsphase**
  - Aufsuchen der traumatischen Situationen im klar strukturierten Setting zur Traumasynthese.
  - Das Recht der Patientin auf Stopp (d. h. wenn sie nicht weitermachen will, ist Stopp Stopp).
  - Einsatz von gezielten Dissoziationstechniken, um das Grauen erträglich zu machen (das Erleiden unerträglicher Affekte über lange Zeit ist weder dienlich noch notwendig).
  - Inneren Trost anregen.
  - Nach jeder Traumabegegnung Stabilisierung anstreben, ggf. auch durch Täterintrojektarbeit.

- **Beobachter-Technik**

  Voraussetzungen:
  - Innerer Beobachter/in bzw. den beobachtenden inneren Teil gut kennen.
  - Innerer sicherer Ort, innerer Helfer, ideale Eltern.
  - Die traumatische Situation benennen und einschätzen (wie belastend ist sie auf einer Skala von 1–10, 10 ist extrem belastend, 1–0 gar nicht).
  - Klären, ob andere jüngere oder ältere Ichs von diesem Trauma betroffen sein könnten.
  - Alle erlebenden Teile an den sicheren Ort bringen.
  - Auch das erlebende Ich von heute geht an den sicheren Ort
  - Ggf. bleibt das am Trauma beteiligte Ich weit entfernt dabei und schaut von weitem zu (manche Pat. haben sonst das Gefühl, dass sie das Trauma nicht integrieren könnten).
  - Der beobachtende Teil und das relativ neutrale Ich von heute arbeiten zusammen.
  - Der beobachtende Teil berichtet dem relativ neutralen Ich von heute, was er beobachtet und zwar sowohl die Erfahrung des Körpers, die Gedanken, die Bilder und die Gefühle (z. B. das Kind wird geschlagen, sein Rücken tut weh, es ist traurig und verzweifelt usw.).
  - Die Therapeutin achtet darauf, dass alle erlebenden Teile in

Sicherheit bleiben, wenn dies nicht der Fall ist, bemerkt man es an der Physiologie (Angstzeichen) und sollte es ansprechen.
- Wenn das Trauma durchgearbeitet ist, klären, was das verletzte jüngere Ich jetzt braucht und von wem dieses gegeben werden kann (Ich von heute, Helfer, ideale Eltern).
- Noch in derselben Sitzung oder in der folgenden Grad der Belastung erneut einschätzen, es sollte wenigstens eine Verbesserung um einen Punkt erfolgt sein. Nicht selten geht die Belastung stark zurück. Bei chronisch Traumatisierten kann man aber niemals 1–0 erwarten, es sei denn, es handelt sich um das letzte aller Traumata.

- **Trauern und Neuorientierung (Integrieren)**
  - Die Grenzen akzeptieren.
  - Die Folgen des Grauens erkennen, benennen und durcharbeiten.
  - Veränderungen im Umgang mit sich selbst und in Beziehungen erproben.
  - (Beziehungs-)Konflikte rücken in den Vordergrund.

Danksagung

Dieses Buch verdankt seine Entstehung vielen Menschen, die mich gelehrt, angeregt, unterstützt und inspiriert haben. In Deutschland ist es nicht üblich, lange Danksagungen zu verfassen. Ich möchte die Leserin/den Leser einladen, diesen Text als Anregung für eine eigene meditative Übung zu nehmen, nämlich die Dankbarkeitsübung. Sie ist eine meiner Lieblingsmeditationsübungen. Es gibt eine Legende, wonach ein Mönch erst dann Erleuchtung erlangen konnte, nachdem er, der sich schon lange in der Meditation der Dankbarkeit übte, sich endlich auch noch des Lehrers erinnerte, der ihn das Schreiben gelehrt hatte. So weit will ich hier nicht gehen, auch wenn es hilfreich für mich ist, mich daran zu erinnern, wie viele Menschen hinter mir stehen, ohne die ich nicht die sein könnte, die ich heute bin. Mein Dank hat also vielen zu gelten, die ich hier nicht nenne, weil es allzu sehr in den Bereich der persönlichen Geschichte gehen würde. In der Übung bedankt man sich auch bei denen, die einen verletzt und es einem schwer gemacht haben. Auch sie will ich nicht nennen. Ich weiß, dass diese Menschen mich anregten, klarer und wacher zu werden, und dafür bin ich ihnen dankbar.
Hier will ich all denen danken, die direkt oder indirekt für die Entstehung dieses Buches bedeutsam waren.
Von den Vielen, die mich durch ihre Schriften nachhaltig beeinflussten, ohne dass ich ihnen je begegnet wäre, möchte ich Lao Tse und seinem wunderbaren Übersetzer Stephen Mitchell danken für das »Tao Te King«. Ohne die Musik von Bach wäre mein Leben ärmer, und es wäre manchmal ohne Trost gewesen. Beide, das »Tao Te King« und Bachs Musik, sind ständige Begleiter und in gewisser Weise »innere Helfer«.
Zuerst danke ich Ulrich Sachsse für seine Ermutigung, das Konzept, das ich für unsere Klinik entwickelt hatte, zu publizieren und einer breiteren Öffentlichkeit zur Verfügung zu stellen. Daraus entstand eine erste gemeinsame Veröffentlichung im »Psychotherapeut« 1996, und es erwuchs daraus eine langjährige Zusammenarbeit und Freundschaft, die die Weiterentwicklung des Therapieansatzes wesentlich befruchtet hat. Ihn, wie alle, mit

denen ich befreundet bin oder denen ich mich sehr verbunden fühle, nenne ich hier ohne Titel.
Dr. Cäcilia Verheyden, meine Lehranalytikerin, und meine anderen psychoanalytischen Lehrer am Institut für Psychoanalyse in Düsseldorf, besonders Prof. Tobias Brocher, Dr. Editha Ferchland-Malzahn, Prof. Anneliese Heigl-Evers, Dr. Celal Odag und Prof. Dr. Ulrich Rosin haben mir Mut zu mir selbst gemacht, sodass ich im Anschluss an die Lehranalyse und psychoanalytische Weiterbildung viele neue Wege beschreiten konnte.
Evelyn Fox Keller, Marianne Krüll und anderen feministischen Wissenschaftlerinnen bin ich für die Erkenntnis dankbar, dass objektive Wissenschaft eine Chimäre patriarchalen Denkens ist und wie das Persönliche und das Geschlecht unser Denken, Handeln und Fühlen beeinflussen.
Ich danke Beate Rehschuh, Josephine Zöller, Elke Johannson-Tatjen und vor allem Lilly Eberhard dafür, dass sie mir halfen, meinen Körper liebevoll anzunehmen, sodass ich offen dafür war, Pari Schneider und Breema zu begegnen und die Seelenverwandtschaft und gemeinsame Arbeit zu genießen.
Tineke Noordegraaf hat mich dabei begleitet, meine Vergangenheit in einem anderen Licht zu betrachten, und mir wesentliche Impulse für die Traumatherapie gegeben. Varda Hasselmann und Frank Schmolke und alle, denen ich in ihren Gruppen begegnet bin, haben mir geholfen, Freude an meinem Mensch-sein-Dürfen zu entdecken und ein tiefes Einverständnis damit.
Prof. Peter Fürstenau und Dr. Gunter Schmidt haben mich inspiriert, Lösungen für wichtiger zu halten als Probleme. Ich habe in ihren Gruppen erfahren, wie lustvoll Lernen sein kann. Verena Kast und Ingrid Riedel sind mir seit Jahren durch ihre Bücher wichtig, und ich bin für unsere persönlichen Begegnungen dankbar, die ich als inspirierend und bereichernd erlebe.
Joan Borysenko, Jean Houston, Phyllis Krystal und Carl Simonton haben mich gelehrt, wie vieles in der Psychotherapie möglich ist, das eine streng orthodoxe Herangehensweise nicht erlaubt. Ihre Ausübung von Psychotherapie war für mich daher richtungweisend.
Sylvia Wetzel, meine Meditationslehrerin, verhilft mir durch ihre erdverbundene Anwendung des Buddhismus zu mehr Geduld und Mitgefühl.

Alle meine Patientinnen und Patienten sowie meine Kolleginnen und Kollegen in der Klinik fordern mich tagtäglich heraus, das Konzept zu überprüfen und weiterzuentwickeln. Viele kritische Fragen und kreative Ideen verdanke ich auch den Kolleginnen und Kollegen aus den Kursen zur Behandlung von Menschen mit posttraumatischen Störungen.
Der fachliche Austausch mit Ulla Goepel-Meschede und Veronika Engl ist immer wieder eine Freude. Ihre Loyalität und Freundschaft sind ein großes Geschenk.
Anne Jürgens und Michaela Huber haben schon in einer frühen Phase der Traumaarbeit viel offenes Fragen und neu erkundetes Terrain mit mir geteilt.
Dr. Felix Olthuis und Prof. Onno van der Hart haben ihr Wissen und ihre Erfahrung großzügig zur Verfügung gestellt.
Alle, die mich EMDR lehrten und mit denen ein Austausch darüber besteht, sind wichtige Wegbegleiter und Freunde geworden: Arne Hofmann, Phyllis Klaus, Marilyn Luber und Francine Shapiro. Peter Levine hat weitere wichtige Impulse gegeben.
Die Zusammenarbeit und Freundschaft mit Monika Becker-Fischer und Gottfried Fischer vertieft das Nachdenken über Theorie und regt die Praxis an.
Elisabeth Ehmann-Hänsch danke ich für ihren Humor und ihre Bereitschaft, Dinge, die ihr fremd sind, mit neugierig-ethnologischem Blick zu prüfen.
Britta und Niels Pörksen, Karin und Dankwart Mattke danke ich für ihre stetige, bedingungslose Freundschaft und ihr Interesse an meiner Arbeit.
Peter Fricke stellt so viele fragende und innovative Gedanken zur Verfügung, aber auch Begeisterung und Unterstützung, dass ich mir meine Arbeit ohne unsere Freundschaft schwerlich vorstellen könnte.
Heiner Reddemann begleitet mich seit Jahrzehnten, und ich danke ihm für seine Geduld. Er war in den 70er Jahren, wo dies noch weniger eine Selbstverständlichkeit war als heute, Hausmann und hat mir damit meinen beruflichen Weg erleichtert. Seine umfassenden literarischen Kenntnisse und seine Sicht der Dinge aus einem dramaturgischen Blickwinkel geben Impulse, meine Arbeit in einem größeren Kontext zu sehen.

Dankbar bin ich meinen Freundinnen, die mit mir lachen und weinen, meditieren und nachdenken. Die immer bereit sind, zu trösten und da zu sein, die ein Netz zur Verfügung stellen, jede auf ihre Art, auf dessen Tragfestigkeit ich mich verlassen kann: Elke Amann, Karin Dietrich, Hilke Feldmann-Giese, Gerlinde Hacker, Barbara Hübner, Ulrike Kröger, Helga Lüggert, Andrea Mechler, Helga Rueß-Alberti, Christl Schmidt-Bursian, Roswith Schläpfer, Waltraud Stork, Barbara Vavra, Claudia Zaworka, Anke Züllich-Lisken.
Ich danke meiner Schwester, Gunde Hartmann, die mich in so vieler Beziehung trägt und unterstützt, dass ohne sie dieses Buch nicht wäre, was es ist.
Erika Brühlmann-Jecklin danke ich für Ihren Rat als Kollegin und Schriftstellerin.
Dr. Christine Treml vom Verlag Klett Cotta danke ich für ihre freundlich bejahende und ermutigende Begleitung.

Bielefeld, im August 2000

Literatur

Achterberg, J. (1990): Gedanken heilen. Rowohlt, Reinbek

Babbit, N. (1994): Das Gebetbuch des Teufels. Hanser, München

Baer, U. (1999): Gefühlssterne, Angstfresser, Verwandlungsbilder. Affenkönig, Düsseldorf

Bateson, G. (1981): Ökologie des Geistes. Suhrkamp, Frankfurt

Bauer, J. (1998): Die Königin der Farben. Beltz, Weinheim

Besems, T., van Vugt, G. (1990): Wo Worte nicht reichen. Kösel, München

Borchert, W. (1956): Draußen vor der Tür. Rowohlt, Reinbek

Borysenko, J. (1993): Fire in the soul. Warner Books, New York

Bradshaw, J. (1992): Das Kind in uns. Droemer, München

Butollo. W., Hagl, M., Krüsmann, M. (1999): Kreativität und Destruktion posttraumatischer Bewältigung: Forschungsergebnisse und Thesen zum Leben nach dem Trauma. Pfeiffer bei Klett-Cotta, Stuttgart

Dilcher, K., Sturz, K., Koch, U., Maercker, A. (2000): Stationäre Traumatherapie. Katamnestische Ergebnisse eines integrativen Behandlungskonzeptes für Patientinnen mit posttraumatischen Belastungsstörungen. Mainzer Werkstatt, Mainz

Dreyfuß-Kattan, E. (1986): Praxis der klinischen Kunsttherapie. Huber, Bern

Egger, B. (1995): Träume malen und verstehen. Zytglogge, Bern

Ende, M. (1983): Jim Knopf. Thienemanns, Stuttgart

Erickson, M. H., Rossi, E. L. (1981): Hypnotherapie. Aufbau, Beispiele, Forschungen. Pfeiffer bei Klett-Cotta, Stuttgart, 5. Aufl. 1999

Estès, C. P. (1993): Die Wolfsfrau. Heyne, München

Fischer, G., Riedesser, P. (1998): Lehrbuch der Psychotraumatologie. Ernst Reinhardt, München

Freud, S. (1937): Die endliche und die unendliche Analyse, G. W. Bd. XVI, S. 80 ff.

Fried, E. (1977): Die bunten Getüme. Klaus Wagenbach, Berlin

Fürstenau, P. (1979): Zur Theorie psychoanalytischer Praxis. Psychoanalytisch-sozialwissenschaftliche Studien. Klett-Cotta, Stuttgart, 2. Aufl. 1992

Fürstenau, P. (1992): Entwicklungsförderung durch Therapie. Grundlagen psychoanalytisch-systemischer Psychotherapie. Pfeiffer bei Klett-Cotta, Stuttgart, 2. Aufl. 1999

Gendlin, E. T., Wiltschko, J. (1999): Focusing in der Praxis. Pfeiffer bei Klett-Cotta, Stuttgart

Grochowiak, K. (1996): Vom Glück und anderen Sorgen. Scherz, Bern

Harner, M. (1986): Der Weg des Schamanen. Rowohlt, Reinbek

Hilgard, E. R. (1994): Neodissociation Theory. In: Lynn, S. J., Rhue, J. W.: Dissociation. Guilford, New York

Houston, J. (1992): Ganzheitlicher Wertewandel. Seminarkassette, ZIST, Penzberg

Kast, V. (1994): Freude, Inspiration, Hoffnung. Walter, Olten

KA-TZETNIK 135 633 (1991): Shivitti – eine Vision. Kunstmann, München

Krystall, Ph. (1989): Die inneren Fesseln sprengen. Walter, Olten

Levi, P. (1991): Ist das ein Mensch? Carl Hanser, München

Levine, P. (1998): Trauma-Heilung. Synthesis, Essen

Maercker, A. (Hrsg.)(1997): Therapie der posttraumatischen Belastungsstörung. Springer, Berlin, Heidelberg, New York

Miller, A. (1983): Du sollst nicht merken. Suhrkamp, Frankfurt

Nhat Hanh, Th. (1996): Zeiten den Achtsamkeit. Herder, Freiburg, Basel, Wien

Putnam, F. (1989): Diagnosis and Treatment of Multiple Personality Disorder. Guilford, New York

Reemtsma, J. Ph. (1997): Im Keller. Hamburger Edition, Hamburg

Roy, A. (1997): Der Gott der kleinen Dinge. Karl Blessing, München

Satir, V. (1978): Meine vielen Gesichter. Wer bin ich wirklich? München, Kösel 1994[3]

Schmeer, G. (1994): Krisen auf dem Lebensweg. Pfeiffer bei Klett-Cotta, Stuttgart

Schreiber, J. (1989): Touching the mountain. California Health Publications, Oakland

Schrode, H. (1995): Klinische Kunst- und Gestaltungstherapie. Klett-Cotta, Stuttgart

Schultz von Thun, T. (1999): Miteinander reden 3: Das innere Team. Rowohlt, Reinbek

Schwartz, R. C. (1997): Systemische Therapie mit der inneren Familie. Pfeiffer bei Klett-Cotta, Stuttgart, 2. Aufl. 2000

Semprun, J. (1994): Schreiben oder Leben. Suhrkamp, Frankfurt

Shapiro, F. (1995): Eye movement desensitization and reprocessing. Guilford, New York

Simonton, C. L. (1992): Körper, Seele, Geist: Krebs und Gesundheit. Seminarkassette, ZIST, Penzberg

Singer, J. L., Pope, K. S. (1986): Imaginative Verfahren in der Psychotherapie. Junfermann, Paderborn

Teegen, F. (1992): Die Bildersprache des Körpers. Rowohlt, Reinbek

Van Etten, M., Taylor, S. (1998): Comparative Efficacy of treatments for Post-traumatic Stress Disorder: A Meta-Analysis. Clin. Psychol. Psychother. 5, 1998, 126-144

Weiss, J., Sampson, H. (1986): The Psychoanalytic Process: Theory, Clinical Observation and Empirical Research. Guilford, New York

Wetzel, S. (1999): Hoch wie der Himmel – Tief wie die Erde. Fischer, Frankfurt a. M.

Wilber, K. (1992): Mut und Gnade. Scherz, Bern

Wilson, P. (1998): Zur Ruhe kommen. Rowohlt, Reinbek

Wirtz, U., Zöbeli, J. (1995): Hunger nach Sinn. Kreuz, Zürich

Wuthe (1998): Das Märchen von der traurigen Traurigkeit, in: Körner, H. u. L., Alle Farben dieser Welt, Lucy Körner Fellbach

Zinn, J. K. (1991): Gesund und stressfrei durch Meditation. Scherz, Bern

Verzeichnis der Übungen

Arnold Lazarus:

Innenbilder

Imagination in der Therapie und als Selbsthilfe

Aus dem Amerikanischen von Julia András

3. Auflage 2000. 143 Seiten, broschiert

ISBN 3-608-89612-0

Leben lernen 47

Innere Vorstellungen und Bilder können das seelische Wohlbefinden, das Selbstwertgefühl und das Auftreten eines Menschen wesentlich beeinflussen. Der bekannte Verhaltenstherapeut zeigt in diesem Buch, wie man Schritt für Schritt die eigene Vorstellungskraft einsetzen und entwickeln kann, z. B., um Rauch-, Eß- und Trinkgewohnheiten besser unter Kontrolle zu bekommen, um mit Ängsten und Depressionen besser fertig zu werden oder die eigene Kreativität zu steigern.

Thomas Bronisch / Martin Bohus / Luise Reddemann / Matthias Dose / Christine Unkel:

Krisenintervention bei Persönlichkeitsstörungen

Therapeutische Hilfe bei Suizidalität, Selbstschädigung, Impulsivität, Angst und Dissoziation

2000. 217 Seiten, broschiert, ISBN 3-608-89688-0

Leben lernen 137

Suizidalität, selbst- und fremdschädigendes Verhalten sowie Panikattacken und dissoziative Störungen können die Folge sein, wenn Menschen mit Persönlichkeitsstörungen in akute Lebenskrisen geraten. Die Autoren vermitteln Techniken einer kompetenten Krisenintervention, spezifisch abgestimmt auf die verschiedenen Äußerungsformen.

pfeiffer
bei Klett-Cotta

Willi Butollo / Maria Hagl / Marion Krüsmann:
Kreativität und Destruktion posttraumatischer Bewältigung
Forschungsergebnisse und Thesen zum Leben nach dem Trauma

1999. 190 Seiten, broschiert, ISBN 3-608-89678-3
Leben lernen 132

Hiermit liegt erstmals ein ausführlicher und kritischer Überblick über den derzeitigen Stand der psychotraumatologischen Forschung vor: Erscheinungsbild traumabedingter Störungen, epidemiologische Daten, Erklärungsmodelle, Therapieansätze und deren Wirksamkeit. Das Buch richtet sich an Studenten und Wissenschaftler, aber auch an interessierte Praktiker im psychosozialen Arbeitsfeld.

Willi Butollo / Marion Krüsmann / Maria Hagl:
Leben nach dem Trauma
Über den psychotherapeutischen Umgang mit dem Entsetzen

1998. 339 Seiten, broschiert, ISBN 3-608-89600-7
Leben lernen 125

Gibt es typische Verläufe von psychischen und körperlichen Anpassungsreaktionen auf schockierende Erlebnisse? Welche Umstände begünstigen, welche erschweren eine »Normalisierung«, und gibt es psychologische Hilfestellungen, die eine neue, das traumatisierende Ereignis einbindende, psychische Stabilität auf neuem Niveau fördern können? Um diese Kernfragen geht es in dem Buch zur Posttraumatischen Belastungsstörung, das einen eigenen psychotherapeutischen Behandlungsansatz vorstellt. Dieser zielt auf die Wiederherstellung der Kontaktfähigkeit der traumatisierenden Person und ist einem integrativen Therapiemodell auf lernpsychologischer und gestalttherapeutischer Basis verpflichtet.